·历史人文丛书 街道卷

杨传球 著

四川文艺出版社

图书在版编目（CIP）数据

桃蹊路 / 杨传球著. — 成都：四川文艺出版社，2019.6
（2022.1重印）
（成都·成华历史人文丛书）
ISBN 978-7-5411-5384-6

Ⅰ. ①桃… Ⅱ. ①杨… Ⅲ. ①城市道路—成都—通俗
读物 Ⅳ. ①K927.11-49

中国版本图书馆CIP数据核字（2019）第093533号

TAOXILU
桃蹊路

杨传球　著

责任编辑	陈润路　燕啸波
封面设计	叶　茂
内文设计	叶　茂
责任校对	蓝　海

出版发行　四川文艺出版社（成都市槐树街2号）
网　　址　www.scwys.com
电　　话　028-86259287（发行部）　028-86259303（编辑部）
传　　真　028-86259306

邮购地址　成都市槐树街2号四川文艺出版社邮购部　610031
排　　版　四川最近文化传播有限公司
印　　刷　永清县晔盛亚胶印有限公司
成品尺寸　157mm×235mm　　　　开　本　16开
印　　张　13.5　　　　　　　　　字　数　150千
版　　次　2019年6月第一版　　　印　次　2022年1月第三次印刷
书　　号　ISBN 978-7-5411-5384-6
定　　价　38.00元

总序

　　成华区作为成都历史上独立的行政区划，是从 1990 年开始的，它是一个非常年轻的区。但是成华这块土地，作为古老成都的一个重要组成区域，则有着悠远的历史与深厚的文化根基。

　　"成华"区名，是成都县与华阳县两个历史地理概念的合称，而成都与华阳很早就出现在古代典籍中。《山海经·大荒北经》中曾有"大荒之中，有山名曰成都载天"的记载，有学者据此认为，成都可能是远古时候的一个国名，或者是古族名。华阳之名也一样悠久，《尚书·禹贡》云："华阳黑水惟梁州。"梁州是上古的九州之一，包括今天川渝及陕滇黔的个别地方，华阳即华山之阳，是指华山以南地方。东晋常璩所撰写的西南地方历史著作《华阳国志》便以地名为书名。或许正是因为这个缘故，地处"华山之阳"的成都平原上便有了华阳县，也从此形成了成都市区二县共拥一城的格局。唐人李吉甫在地理名著《元和郡县图志》一书中，对成都与华阳作了更进一步的记载："成都县，本南夷蜀侯之所理也，秦惠王遣张仪、司马错定蜀，因筑城而郡县之。""华阳县，本汉广都县地，贞观十七年分蜀县置。乾元元年为华阳县，华阳本蜀国之号，因以为名。"由此可见，成都与华阳历史之悠久，仅从行政区域角度看，成都从最初置县至今已有两千三百多年，而华阳从唐乾元元年（758）至今也有一千二百多年了。

　　不仅成华之名源远流长，具有丰富的人文内涵，成华这片土地更是积淀着厚重的历史与文化。可以说成华既是一部沉甸甸的史书，也是一首动人心魄的长诗。这里有纵贯全境且流淌着历史血液与透露着浓烈人文气息的沙河，有一万年前古人类使用过的石器，有堆积数千年文明的羊子山，有初建成都城挖土形成的北池，有浸透了汉赋韵律的驷马桥，有塞北雄浑的穹顶式和陵，有闻名宇内的川西第一禅林，有道家留下的浪漫神话传说，有移民创造的客家文化，还有难忘的当代工业文明记忆，还有世界的宠儿大熊猫……

成华有叙述不尽的历史故事。

成华有百看不厌的人文风景。

成华的历史是悠久的巴蜀历史的一部分；成华土地上生长的文明是灿烂的巴蜀文明的重要组成部分。

为了把这耀眼的历史文化集中而清晰地展现给人们，同时也为后世保留一笔珍贵的精神财富，中共成华区委和成华区人民政府立足全区资源禀赋和现实基础，将组织编写并出版"成都·成华历史人文丛书"纳入"文化品牌塑造"工程的重要内容之一。由成华区委宣传部、成华区文联、成华区文旅体局、成华区地志办等单位牵头策划，并组织一批学者、作家共同完成这套丛书，包括专题卷与街道卷两大部分，共计二十册。其中专题卷六册，街道卷十四册。专题卷从宏观的视野述说沙河的过往，清理历史的遗迹，讲述客家的故事，描写熊猫的经历，抒写诗文的成华，回眸东郊工业文明的辉煌成就。街道卷则更多从细微处入手，集中挖掘与整理蕴藏在社区、在民间的历史文化片断。

历史潮流滚滚前行。成华作为日益国际化的成都主城区之一，随着城市化进程的深入推进，对生活在成华本土的"原住民"和外来"移民"，更加渴望了解脚下这片土地，构建了积极的文化归宿。此次大规模地全面梳理、挖掘本土历史，并以人文地理散文的形式出版，在成华建区史上尚属首次。这既顺应了群众呼声、历史潮流，又充分展现了成华人的文化自觉和文化自信。

"成都·成华历史人文丛书"是成华人对成华悠久历史、深厚文化的一次深邃的打量，更是成华人献给自身脚下这片土地的一份深情与厚爱！

书籍记录岁月，照亮历史，传播文化。书籍是人类精神文明的载体，中华数千年的历史文化传承，书籍功莫大焉。如今，中国人民正在追求民族复兴的伟大梦想，通过书籍去回顾历史、展望未来，乃是实现这一复兴之梦的重要路径。

身在"华阳国"中的成华人，也有自己的梦。传承悠久的巴蜀文明，弘扬优秀的天府文化，正是我们的圆梦方式之一。

这便是出版"成都·成华历史人文丛书"的宗旨和意义之所在。

张义奇　蒋松谷

成都市成华区桃蹊路街道示意图

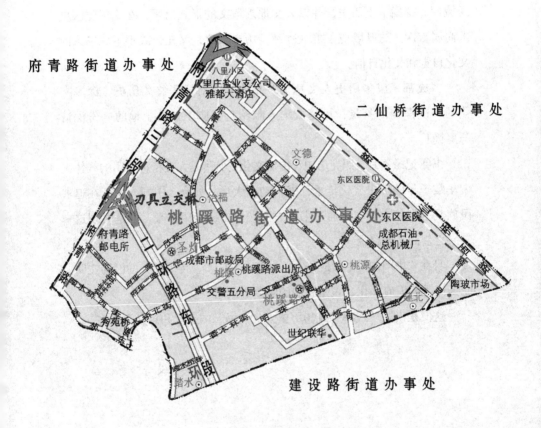

府青路街道办事处

二仙桥街道办事处

八里小区
八里庄盐业支公司
雅都大酒店

文德

东区医院

刃具立交桥

桃蹊路街道办事处 东区医院

府青路
邮电所

成都石油
总机械厂

圣灯

成都市邮政局

桃蹊路派出所

桃蹊

桃源

交警五分局

桃蹊路

建北

陶玻市场

秀苑桥

世纪联华

建设路街道办事处

序

　　桃蹊路，听名字应该是一个遍地桃李树的地方，但当我来到这里，走遍大大小小的街道，竟没有发现一棵桃李树。后来我就想，取桃蹊路这个名字，恐怕就是想借"桃李不言，下自成蹊"这个古代民谚，申明一种做人的原则吧！桃树和李树向称"嘉木"，阳春三月，桃花、李花盛开，为大地平添了美丽景色；待到五月桃子、李子成熟，则成为人们喜爱的水果。桃树和李树不会说话，但人们来观赏桃李之花、采摘桃李之果，来往络绎不绝，树下自然形成蹊径。中国人重视"实践"和"实效"，不尚空谈和清谈。在"身教"与"言教"关系上，强调"身教"先于"言教"。《论语》："子曰：君子欲讷于言，而敏于行。"就是说行动要走在言语的前面。先躬行而后论说，反对专逞口舌之辩、哗众取宠的浮夸之风。这样看来，之所以取名为桃蹊路，就可以理解了。

　　为了挖掘桃蹊路的历史底蕴，探寻桃蹊的根脉，用历史文化重塑桃蹊特色，增强桃蹊文化发展的内生动力，在成都市成华区城市总体风貌建设中确立鲜明的桃蹊印记，塑造桃蹊的城市文化品牌，不断提升桃蹊的社会风尚和社会人文品位，我受托写了这本《桃蹊路》。刚接到写作任务时，我曾有些犹豫，不知该从何处下手。或许因为"桃李不言"，我以前知道的有关桃蹊的故事很少，所以总觉得桃蹊路没有多少值得写的东西，但当我开始采访以后，随着对桃蹊了解的深入，才知道这里值得写的东西太多了。

桃蹊路辖区位于成华区西北部，东以沙河东侧河心为界，与建设路街道办事处隔河相望；南以建设北路二段、三段北侧街沿石为界，与建设路、二仙桥街道办事处接壤；西以八里庄、二仙桥西路东侧街沿石为界，与二仙桥、府青路街道办事处相连；北以府青路二段、三段北侧街沿石为界，与府青路街道办事处连界，辖区面积1.8平方公里。辖区主要道路有：桃蹊路、双建路、桃林街、文德路、怡福路、新风路等。桃蹊路街道办事处于1998年6月成立，驻地为八里小区双建路70号。桃蹊路街道办事处辖地原为圣灯街道办事处的八里庄村地域、府青路街道办事处和二仙桥街道办事处管辖的部分地域。1998年进行区划调整后，将这片地区改为桃蹊路街道，现管辖桃蹊社区居民委员会、桃源社区居民委员会、踏水社区居民委员会、怡福社区居民委员会、文德社区居民委员会五个社区。

桃蹊路辖区地域面积不大，人口也不多，历史上这里也没有出现过引以为自豪的名人，与成华区其他街道比，经济和文化也没有什么优势。可能正是这些先天不足，让桃蹊人没有那种骄傲浮夸，只能靠默默实干来改变自己的面貌，创造未来的辉煌。或许，也正因为这样，桃蹊人才这么信奉"桃李不言，下自成蹊"的古谚，以至将它定为自己的地名。而这正是桃蹊最大的优势、最大的潜力所在。

六十多年前的桃蹊，乱草丛生、荒坟遍布，谁也没有想到，经过短短几年的默默苦干，几家大型国家重点企业在这里拔地而起，昔日的荒野成了国家重要的工业基地。三十年前的桃蹊，除了几个大型国有企业外，基本还是农村，农民生活不富裕、物资短缺、交通不便，但三十年间，经过改革开放，桃蹊又一次发生了天翻地覆的变化，桃蹊进入了真正的转型期。可以说这里一年一个样，桃蹊已经进入经济文化快速发展繁荣的全新阶段。如今的桃蹊路，高楼林立，交通、电子、商贸、餐饮、服务业发达，文化娱乐设施遍布，一个时尚、生态、宜居的新区正在形成，实现了桃蹊路街道办事处成立以来的新跨越，正在成为人们理想中的"桃花源"。回顾桃蹊路的发展史，她的每一个变化，都是桃蹊人默默干出来的。

《桃蹊路》按照桃蹊路历史文化发展的足迹进行分类梳理，回顾了这 1.8 平方公里土地上的历史变迁，新中国工业发展的辉煌岁月、春天的故事、现代桃蹊人的幸福生活、杰出的文化人士，等等。全书共分六章，从六个方面叙述桃蹊路街道成立前后的历史人文状况、农业文明、工业文明、经济文化发展，并通过对桃蹊本地特色民间艺术、文化艺术人物的探访，反映了桃蹊深厚的文化底蕴。让人们了解桃蹊、认识桃蹊，并唤起内心的乡愁。

目录

大工业环抱中的"桃花源"

　　中华人民共和国成立以前的桃蹊（八里庄）一带，在人们的记忆里已经很模糊了。据老人们说，那时这一带大部分是荒地，从现在的二环路到厂北路一带，无主荒坟四布、灌木野草丛生，耕地不多、住家户稀少，村民大多居住在二仙桥一带，孩子读书只有一个初级小学。1949年以后，伴随着国家工业化的推进、成渝铁路的修通，在八里庄周边建起了成都火车东站，并建成成都量具刃具厂、成都石油总机厂等数个大型企业。同时，随着农业合作化运动开展，农民被组织起来，对这一带的荒地进行了大力开发，耕地面积增加，整个八里庄的面貌得到了初步改变。

　　大工业的建立，给八里庄送来了现代工业文明。20世纪80年代以前，沙河以东、府青路以南、二环路以西的大片地方都是农田。当时的工业主要集中在二环路东一段。东一段北边有成都量具刃具厂，厂区与宿舍生活区连成一片，形成了一个单独的小区；东一段南边，主要有906厂，路东是厂区，路西（厂对面）是他们的宿舍区，与906厂宿舍紧连的是成都电焊机研究所。而在906厂的背后，二环路口附近，则有成都电焊机厂，它的对面则是719厂。此外，桃蹊北边的二仙桥也形成了一个小工业区，这里成都石油总机厂的厂区与宿舍连成一排，占据了二仙桥西路的大半条街，街对面不远处，有成都机车车辆厂、成都火车东站。工厂就像断断续续的围墙，把田园包围在中间。或者也可以反过来说是"农村包围城市"，工厂被一片绿色的田野包围在中间。八里庄好像是城市中的一个花园，或者说是花园中的城市，显出了别样的清新。

虽然现代工业文明近在咫尺，八里庄的农村却依然保留着传统生活方式，一边是装备现代化的大工厂，一边是牛耕人作的原始状态的农村。耕牛在田里慢悠悠地耕地，头上缠着白头巾的老农赤着脚跟在后面，手扶犁把，一边扬鞭一边吆喝，那声音至今仍在老人们记忆里回荡。而就在田边的二环路、厂北路上，骑自行车上下班的职工人潮中，农村小伙子挑着粪桶一闪一闪地穿行在车流中，毫无怯意；鸡公车与载重汽车并排前行，悠然自得。汽车的喇叭声与鸡公车的吱呀声交织在一起，现代工业文明与农耕文化交织在一起，构成了一幅独特的风景。站在厂门口向远处望去，田野里绿油油的一片，犹如一块巨大的翡翠。成片的麦田、品种繁多的蔬菜地，让人心旷神怡。那时，东郊的天空还很明净，夜空里可以看到繁星。

今天的桃蹊辖区在当时就是圣灯公社八里大队。八里大队范围主要就是现在的桃蹊辖区。20世纪五六十年代，叫踏水大队，70年代以后，才改名叫八里大队。八里大队下辖12个生产队，共三千多亩地，约三千多人。1、2、3生产队位于原电焊机厂、906厂附近，以蔬菜种植为主；4、5、6、7、8生产队在现桃蹊中心一带，以粮食种植为主；9、10、11、12生产队位于沙河东岸至刃具厂附近一带，蔬菜、粮食生产兼顾。那时，工人上班一路都可以看见绿油油的农田，而农民出工，抬头就能看见工厂。工业文明和农耕文明并立交融，就是桃蹊当时的典型特色。

岁月留下的老龙门阵

桃蹊路辖区北临二仙桥辖区，其东北角一带原来就是二仙桥的一部分，现在叫二仙桥西路，有石油总机厂、陶玻市场、酒店用品市场、炊具市场及各类物流公司等，方家河从北蜿蜒南下，穿过二仙桥西路往东南流去，是二仙桥的一个繁华闹市区。现在，二仙桥路经过改造扩宽后，一条高架桥覆盖二仙桥东西，挤走了很多商家店铺，二仙桥东路完全没有了往日的热闹，二仙桥最热闹的区域还是在桃蹊路辖区的二仙桥西路一带。所以，要写桃蹊路，还是不能不写二仙桥，而岁月，也给这里留下了很多老龙门阵。

八里庄位于成都东北角一土坡上，据说几十年前，这里只有十五六间店铺，是成都北门到东门通道上的重要落脚点。其西为曾家幺店子、下三洞桥。李家巷到八里庄倒石桥刚好八里路，故名八里庄。往东为严家幺店子，经人民塘至龙潭寺六公里。往南两里路便到了二仙桥。①我为了验证这段距离，曾专门从八里庄步行前往李家巷。当然现在的路与三十多年前不可比了，当年路面虽不好，却适合步行，感觉较近，走一趟似乎没啥感觉。今天的路修得宽了，更适合汽车跑，步行起来就显得有点绕，走完全程竟累得两腿发酸。坐下来一想才明白：原来是自己老了。

---

① 成华区民俗志编纂工作领导小组：《中国民俗志·成都市成华区卷》。

二仙桥在成都东北角八里庄东头，横架于油子河的一条支流上。其地处牛龙公路不远，历来是成都通往龙潭寺的重要桥梁之一。中华人民共和国成立后，成都市人民政府从发展东郊的建设需求出发，将原来的二仙桥拆掉了。今天所说的二仙桥多作为地名，泛指这一带区域。二仙桥西路以北属于二仙桥街道办事处管辖，二仙桥西路以南属于桃蹊路街道办事处管辖。

二仙桥原名遇仙桥，有关二仙桥的传说，在《华阳县志》里有这么一个故事：古时在蓉城东北角，有一石板桥，质地坚硬而光滑，每逢雷雨之后，桥上行人细看石板，便依稀可见吕洞宾和韩湘子在此下棋酣战。之后百姓遂将此桥称为二仙桥。《成都大词典》、吴世先主编的《成都城区街名通览》也说："二仙桥得名与道教的吕洞宾与韩湘子有关。"巴蜀文化学者袁庭栋说："二仙桥过去是有的……当地人又把它叫作遇仙桥，有八仙过海神话中的两个神仙吕洞宾与韩湘子曾经在此桥相会的传说。"[1]吕洞宾，道教全真教奉其为北五祖之一，世称"吕祖""纯阳祖师"。在民间八仙传说之中，吕洞宾集"剑仙""酒仙""诗仙"和"色仙"于一身，是个放浪形骸的神仙。吕洞宾在民间有众多的信徒，对社会影响很大。韩湘子是民间传说中的八仙之一，拜吕洞宾为师学道，道教音乐《天花引》，相传为韩湘子所作。有人说他是唐朝大文豪韩愈的侄孙子韩湘，其生性放荡不拘，不好读书，只好饮酒，擅长吹奏，世传其学道成仙。此故事口口相传，流传至今，二仙桥也越发显得神秘了。但归根结底，

---

[1]　袁庭栋：《成都街巷志》，四川教育出版社，2014，第204页。

二仙桥也就是座桥，据《成华史话》记载，它始建于清代道光五年（1825），光绪二年（1876）重修，民国七年（1918）再次维修，是一座可通汽车的坚实石拱桥。在20世纪50年代，因修建成都木材防腐厂（今二仙桥北一路）而被拆除。此桥现已不存在。

关于二仙桥的第二个传说，也与神仙有关，流传于东郊一带，故事是这样的：从前，有一个庄稼人，在一天早上，他扛了把锄头到田里去放水，路过一座桥，看到桥下有两个人正在下棋。庄稼人也爱下棋，就走拢（走近）去放下锄头，看那两人下棋。看了三盘后，太阳已经当顶了，庄稼人自言自语说："糟了，今天的水是放不成了，只有回家去吃午饭。"他刚把放在地上的锄头拿起来，忽然听到"哐啷"一声，锄头掉在了地上。庄稼人仔细一看，原来锄头锈烂了，他心头好生奇怪，就捡起回家了。一拢屋（到家），他看到家里人正在请道士除灵。他更觉得奇怪了，就问家里的人出啥子事了？家里人说："你出去已经三年了，都默倒（以为）你死在外头了，所以我们请了道士来给你除灵。"庄稼人说："我早上出去放水只在桥下看别人下了三盘棋就回来了，咋个你们说我出去了三年？"道士插话道："肯定那两个下棋人是神仙，你遇到神仙了。"从此以后，大家就把那座桥叫作"遇仙桥"。久而久之，就叫成"二仙桥"了。

二仙桥还有第三个民间传说，与张献忠有些关系，说的是明末时期，成都一带兵荒马乱，民不聊生，不少人逃往外地，许多田地荒芜。相传，张献忠统领下的几个大西军士兵一日下乡至此，见路断人稀，唯这荒野之地石桥头蹲着两个老翁在悠然钓鱼。众兵士便走近去，观之良久，均未见有鱼上钩。可二翁依然神情专注，手握钓竿纹丝不动，炯炯有神的双目直盯水面钓线浮标。一个士兵忍不住问："这儿鱼都没得，钓个啥子（什么）嘛？"身体微胖的老翁答道："来此非钓鱼，钓鱼焉至此？"另一个士兵插嘴道："既然不钓鱼，何必老蹲在这里？"身体瘦高的老翁则说道："无私心者不动干戈，成大事者不伤生灵。"众兵士回到城里西王宫（即蜀王府）奏之张献忠。张献忠越想越感到不妙，心想："此二翁定系残明细作，来此以非议扰乱军心，坏我大事！"于是下令通缉二翁。大西军士兵数次到桥头，眼见二翁垂钓，伸手捉则无影无踪。不久，大西军溃败逃离成都，张献忠中箭身亡。老百姓把前因后果联系起来，便料想二翁必是天上下凡来的神仙。故后人便把此桥取名二仙桥。①

传说归传说，二仙桥由于地处成都边缘，清末民初，每年冬至节过后，川北地区的很多商贩、游民、乞丐都会来到成都赶灯会和花会，这里就成了四方游人年终大聚会、寻亲访友、互通有无的地点。由于南来北往的人多，那时的二仙桥一带，摆地摊的、耍猴戏的、卖打药的、扯场子舞刀弄棒的、说书卖艺的随处可见，餐馆里端上一碗碗河水豆花，茶馆里说着三国水浒，很是闹热。在这种地方，来个围棋高手、义士侠客，便被人们称为吕洞宾与韩湘子转世，传得神乎其神，也就不奇怪了。久而久之，这人来人往的石桥，也就因口口相传的民间故事被说成了二仙桥。虽然传说不可当真，却赋予这无名小桥以灵气和生命，二仙桥之所以能被历史记住，与这些传说密不可分。

过去在二仙桥茶铺里，一到夏天，常看得到几个衣着褴褛的穷

---

① 成都市成华区地方志办公室：《成华史话》，新华出版社，2015，第37页。

孩子在茶桌间钻来钻去，拿着一把大蒲扇给人扇风送凉，这在当时就叫作"卖风"。那些穷孩子，拿着一把蒲扇，见茶客就点头哈腰说："大爷，今天天气那么热，要不要我给你扇扇？"遇到对方心情很好，又想在众人面前显摆一下自己有钱，便会大声说，"要得，来给老子扇扇！"如果有朋友在场，还会说，"多来几个娃娃，也给这几位大爷扇扇，风钱算我的，卖点力气哈，扇安逸了老子有赏！"为了

▲ 方家河　杨传球摄

赚几文钱活命养家，娃娃们站在茶客背后使劲摇晃蒲扇，不到茶客说"好了，不扇了"，他们是不敢停下手中扇子的。如果那天运气好，茶客觉得舒服了，便会随手扔几个小钱给娃儿。但有时候也会遇到横行霸道的地痞恶霸，一进茶馆就叫娃娃给他扇，扇了半天，一文钱不给不说，最后还恶语相加，"龟儿子爬开，会不会扇哟，像跟没吃饭一样，把老子的火都扇起来了！"这时，可怜的娃娃便白费力气了，只好忍气吞声离开，另找扇风对象。但有时候，如果卖风的孩子多，那天又正好遇到几个横娃娃，遇到耍赖不给钱的地痞流氓，那也没得松和（轻松）的，几个孩子会同时扭住赖账者的大腿死死不放，让他出丑。周围看热闹的群众便会七嘴八舌说，想吃欺头（不劳而获的好处）嗖（语气词），那点钱都看得起，还在外面操（旧时指在社会上拉朋结党，讲义气）啥子嘛！如果再有个尊者在场，说几句公道话，这时候如果不掏点钱捞回面子，那是脱不了爪爪（关系）的。

当时，二仙桥下流水潺潺，河水清澈透底，从河中取流水做成的河水豆花价廉物美，深得来往游人喜爱，被传得远近闻名。经过艺人精心制作的河水豆花，细嫩绵扎，溢出碗盏而不流，白如雪，软似棉，配上精制加工的调料蘸水，让人吃一碗想二碗，充分体现了麻辣鲜香的成都风味。吃完豆花再喝一碗煮豆花的水，清热解渴，好不快哉！而今虽已改用自来水制作，水质可能更加纯净，但却没有了河水的天然甘美，吃起来总觉得缺了点什么，二仙桥的"河水豆花"，只留存在老人们的记忆里。

沙河与踏水桥

初夏的沙河，空气清新温润，雨丝绵绵，朦胧中有一股仙气。我撑着雨伞，行走在岸边的步道上，向踏水桥北街走去。为了写这本书，我要去踏水桥社区开一个座谈会，但是当我面对沙河两岸由深绿、浅绿、墨绿、翠绿、嫩绿一挥而就的这幅酣畅淋漓的水彩画时，竟不由自主停下了脚步，我蓦然发现，平时见惯不惊的沙河竟然如此美丽！我沿河往北走，在岸边的一小块河滩上，一只白鹭站在那里，成了一道风景。我们对视了一会儿，它终于打开翅膀，潇洒地飞走了。

这就是今天的沙河，一条清澈苍翠的河。

沙河和府河、南河都是流经成都市的主要河道，被称为成都"三河"，属岷江水系。"沙河"古称升仙水，原为自然河流，"沙河"之称始自元、明两代。沙河为府河左岸分支，起于成都市北郊洞子口，向东南流约三公里又分洗瓦堰、砖头堰。洗瓦堰是沙河干流，主要向成都东郊供水，为区内主要排水渠道，经驷马桥向东穿越东郊腹地，后逐渐转向西南，于南郊返回府河。

1954年至1957年间，政府在原有小沙河的基础上改造和扩宽而成了全长22.223公里，河道最窄处15.6米，最宽处55米，平均水深4米的穿城河。该河现有11座水闸，3座跌水坝及3座小型发电站，主要担负着东郊企业的生产供水、市民生活用水、沿河农田灌溉及城市大工业环抱中的『桃花源』

▲ 今日沙河清澈明净　杨传球摄

东郊防洪排涝等任务，被称为成都的"生命河"。

　　而踏水桥，是连接建设北路东西两段的一座重要桥梁。今天的踏水桥主道有六车道，两边还有专用人行道，每天来往车辆行人很多。历史上踏水桥曾经历过多次变化。民国以前，沙河还是一条小河，河面很窄，踏水桥曾是一座石拱桥。此桥虽不甚大，但在新中国成立前则是大坟包、小坟包、上洞漕、下洞漕、谢家祠和圣灯寺一带通往成都城区的交通要道。那时，这座三洞拱券的石桥，桥面跟路一样平，鸡公车叽嘎叽嘎地很快就能推过去。20世纪50年代整修沙河，将沙河扩宽了两三倍，原来的石拱桥便被拆掉了，修了一座木桩板桥，供行人和车辆来往。1973年改建为水泥拱桥，桥面也比以前拓宽了许多。当时，建设路北二段还没有打通，桥西面还是成都电讯工程学院（今电子科技大学）的校园，此桥主要供东郊职工上下班、八里大队的农民来往建设路之用，除非机动车外，偶尔也会有少量机动车从桥上通过。八九十年代，成都的市政建设开始提速，电子科大的校园围墙被打通，建设北路二段成了交通要道，踏水桥上的机动车来往日益密集。为了适应新的发展形势，政府便将旧的踏水桥拆掉，重新修建了现代化的钢筋水泥大桥。

　　沙河上的桥虽然多，并不都具有历史文化价值，但其中有些桥却因相伴而生的传说故事而具有独特的文化价值。踏水桥，就是这样一座桥，关于这座桥，流传着一些动人的民间传说。其中一个故事说道，很早以前这里没有桥，来往行人得绕很远的路过河；若遇枯水季节河水浅了，沙河两岸的人便搬些大石头横放在河中，踩着石头过河，常有老人妇女小孩脚踩滑了，一脚踏进河里，非常危险，加之冬天水冷就更加恼火。后来，附近圣灯寺有个主持出面，找到谢家祠的住持商量，决定在这河上建一座石桥。钱凑齐后，他们便找了个修桥的承包商，将工程委托给了他。

　　不料，这个修桥的承包商唯利是图，竟克扣买石料的钱，偷工减料，把桥洞拱得很低而成了平桥。桥刚完工，恰逢落雨，桥面满是积水。可巧落雨次日是皇历上的吉日，一对新人正好择其佳时成婚。男家住在河对岸，送亲队伍需从这桥上通过方可到达。原本以为躲过了下雨天的新娘，哪想到在过桥时，桥上的积水竟一分未减。吉时已近，花轿又送不过去，新娘就只得下了花轿踏水过桥，一双崭新的红绣花鞋被河水打湿，新娘的火气一下子便上来了，冲口说道："新人踩新桥，脚在水里泡，踏得哗啵响，取名踏水桥。"修桥的人满以为新娘会给这新桥取个吉祥的名字，万没料到会取下这么个名字，故此桥头便未刻名。不过，当地老百姓却记住了新娘取的桥名，多少年来一直称它为"踏水桥"。老人们说，这桥虽说名字不好听，但自从有了它，行人来往方便，圣灯寺的香火兴旺，谢家祠的祈祖会也热闹了很多。

1955年2月26日，成都市政府第一次扩建沙河的首期工程动工，当时正逢枯水期，大批民工和义务劳动者来到沙河扩建工地，他们全凭一双手，一把锄头、一副箢篼，先挖驷马桥至跳蹬河段，修建起了跳蹬河节制闸和杨家碾、麻石桥的水闸，首先满足热电厂的用水，确保了电厂如期发电。第二期工程是洞子口至多宝寺河段。除了挖掘河床，修筑堤坝之外，为了防洪保土，沿河堤岸还栽种了数千棵法国梧桐树。第三期工程则集中在多宝寺以下至河段出口的扩挖河床和闸坝施工，沿岸再栽种数千棵法国梧桐作为防洪树，要求不到十米就要有一棵树。第一次扩建沙河工程于1957年5月竣工，工程全部耗资四百多万元。

沙河整治以后，沿河两岸的工厂企业用水得到了保障，农田灌

▲ 踏水桥遗址碑　杨传球摄

溉也扩大到五万亩，尤其是沙河沿岸的农民群众受益最大。位于沙河东岸的圣灯公社八里大队的农民十分支持沙河的整治工程，除了出民工外，还主动向河道工地提供菜蔬、副食品以表达自己的心意。农田灌溉对农业生产起到了保障作用，八里大队的粮食和蔬菜生产连年丰收，不仅保证了城市居民的供应，也增加了农民的收入。

20世纪五六十年代，沙河的生态环境一度很不错，河水清澈见底、碧波荡漾，鱼虾穿梭，河上偶尔还有渔船经过，河边经常有人撒网钓鱼。一到夏天，沙河更是热闹，河里有不少孩子和年轻人游泳戏水，虽曾发生过多次小孩溺亡事件，沿岸各单位也不断提醒大家不要下河游泳，但一到天热时，还是挡不住娃娃们下河戏水的冲动。当时的沙河两岸是泥巴土堤，起伏不平，小路边长满灌木和野草野花，梧桐成荫、鸟语花香，更成了小伙子和姑娘们谈恋爱和职工们散步的好地方。一到晚上，成双成对的年轻人便穿梭在梧桐树间，或窃窃私语于小路旁，故此，沙河便被东郊人说成是恋爱的圣地。到了20世纪八九十年代，随着城市建设的发展和扩大，原来的东郊已经成了中心城区的一部分，每年成千上万吨的垃圾和发电厂排出的"粉煤灰"涌入沙河，沿河五百多个排污口每天向沙河排放大量污水，河中的鱼虾越来越少、环境越来越恶劣，一到夏天还能闻到从河里飘散来的阵阵恶臭，从此，这里便再也没有人下河游泳了，恋爱中的年轻人也不愿意在沙河边散步谈情了。

2001年初，成都市委、市政府做出了对沙河进行综合整治的战略决策，当年11月28日，沙河综合整治工程正式启动。沙河综合整治工程投资32.48亿元，规划整治范围涉及4.63平方公里、河道长度22.22公里、河道两侧宽度达50—200米。2004年12月30日，沙河综合整治工程全面竣工，整治一新的沙河再现碧波荡漾、绿树成荫的美景。

经过3年的艰苦努力，沙河全线共新建、重建桥梁16座，新建、重建水闸9座，修建景点建筑30座，修建景点广场及文化构筑物9万平方米；修建8个重点景区光彩工程，被称为"沙河八景"。修筑边坡及河堤50万平方米，铺设园林小道18.6万平方米，修建公园路25.5

万平方米，建设44.44公里绿化灌溉线，总体绿化面积1345万平方米，全线栽植各类高大乔木12.2万株，栽植各类花草310多万株，种植草坪21万多平方米，构成自然和谐的植物生态群落，建成了"树树景各异，季季景不同"的绿色长廊。沙河综合整治工程获得了2006年度"国际舍斯河流奖"。而踏水社区的秀苑东路也正是沙河整治后诞生的一条新街，因为沙河整治拓宽了东岸的道路空间，秀苑东路才会应运而生。

如今的沙河，不仅恢复了良好的生态，而且比以前更有魅力了。站在沙河岸边，沐着凉凉的雨丝，我仿佛回到了久远的从前，隐约间听到一个天籁般的童声唱道：

> 沙河涨水水漫坡，梳妆打扮去会哥，
> 萤火虫儿来照路，哪怕天黑石头多。①

---

① 引自2018年7月28日武侯区发布的《成都街名歌谣》。

和谐相处，共建家园

　　四川自古以来就是移民大省，从全国各地入川的移民与本地人和谐相处，对四川的经济发展做出了巨大贡献。而最大的一次移民潮是在清代前中期随"湖广填四川"进入四川地区垦殖的外乡移民。八里庄一带也曾有很多外乡人迁来，这里虽不像龙潭乡、西河镇、十陵镇、石板滩等乡镇一样集中居住那么多客家人，却也散居着不少客家移民。据原八里大队的老住户马清国说，八里庄一带客家人占比在百分之五十左右，与本地人混居在一起，这里应该属于客家人与本地人交汇融合的过渡地带。

　　明末清初，四川地区经历了长期大规模战乱，伴之而来的瘟疫和灾害，导致四川人口锐减。康熙二十九年（1690），清政府制定《入籍四川例》，采取各种优惠政策鼓励移民入川垦殖。从康熙至乾隆的百余年间，湖南、湖北、广东、广西、江西、福建、陕西等省大量移民入川，从事农耕或经商。成都是移民汇集的中心地带，从而使经济得以迅速复苏，重现昔日繁荣景象。这次的移民浪潮以当时"湖广行省"的湖北、湖南移民最多，故有"湖广填四川"之说。由于较早到达的湖广移民占据了土地肥沃的平原地带，所以，后面到达的客家人只能在成都东部的丘陵地带耕种繁衍。经过近两个世纪的发展，这里已经成为四川乃至西南地区最大的客家人聚居区，习惯上称之为东山客家。"东山"不是山，在成都周围也没有哪座山叫"东山"。所谓东山，其实是成都以东的一片丘陵地带，地处当时的成都县、华阳县、新都县、金堂县和简阳县之间，包括今天的洛带、十陵、义和、周安等二十五个乡镇。三百多年前，客家祖辈拖家带口、辗转千万里，来到这片土地辛勤耕耘，将贫瘠的东山地区开发成肥沃的良田。从此以后，成都人便用"东山"借指客家人，"东山"逐渐成为一个文化概念。

成华区龙潭街道是客家人的聚居地，成华区沙河一线也是客家人的聚居区。沙河以西居住着湖广的后裔，这里流行着老湖广话；而沙河以东则居住着客家人的后裔，流行着客家话（俗称土广东话）。早在20世纪七八十年代之前，位于沙河以西的圣灯公社八里大队（今桃蹊路街道）一带就分布着不少客家人。据桃蹊路的老住户马清国说，这里的田地在没有"统征"以前，农村住户中，估计有一半都是客家人，他们与四川本地人混居在一起，平时也说四川话，只有遇到他们客家老乡时才说客家话。如果不说客家话，你还真分不出谁是客家人、谁是四川本地人。由于桃蹊路是个全新的小区，原来的耕地、农舍早已变成繁华的街道和高楼大厦，原住民中绝大多数都已搬迁，少数未搬迁的也被大量的城市外来户所淹没，不仅难以保存客家人的语言和生活习俗了，就是想找一个客家人也很不容易。

在客家人中，世代流行着这么一句话："宁卖祖宗田，不卖祖宗言。"东山的姑娘即使嫁到异地他乡，回到娘家也必须讲客家话，否则便会被认为是"卖了祖宗"。八里庄一带客家人从小就得学说客家话，他们在家里必须说客家话，遇见客家人时也说客家话。据马清国说，这一带的客家人很团结，他们谨遵祖训，聚族而居，共克时艰，保持着固有的家庭习俗和文化特色，每年清明上坟、中元接祖、冬至送寒衣、除夕祭祖，他们都要举行家族仪式，办得很认真，也很隆重。直到1966年开展"破四旧"以后，他们的这些习俗才渐渐消失，但是，即使在那样的时候，这些客家人夜晚关上门仍然会在屋里摆上香案，对着祖宗牌位磕头燃香。客家人对婚姻也非常慎重，讲究"六礼"，即必须经过纳彩、问名、纳吉、纳征、请期、迎亲六道程序，才算完成婚姻过程。农村公社化以后，政府提倡移风易俗，很多老规矩渐渐废除了，但是其中一些在民间还有所保留，比如"问名"，即互通姓名、互换"八字"，看八字合不合；"纳征"，即男方向女方家送聘礼，多少无定，主要体现男方对女方的尊重与诚意；"迎亲"，到良辰吉日，新郎亲自到女方家迎接新娘。这些规矩一直保留到八里大队"统征"以前。"统征"以后，当地农舍、田地被拆迁盖起了楼房，城里人搬来了，农民搬进了城，客家人也被打散了，渐渐淹没在现代城市人群之中。

在八里大队，客家人与四川本地人的相处总体说来还是很和谐的，基本没有什么隔阂，以前大队、生产队、小组选队长、组长，大家基本上都没有分什么客家人、四川人，谁办事公道、人好，就选谁。选出来的干部里有客家人、也有四川本地人。队里虽然也时有纠纷，但是基本与客家人、本地人族群无关，都是属于个人偶然事件，或者别的什么原因。四川人与客家人相互通婚的情况也很普遍。当然客家人内部还是要亲热一些。几个客家人聚集在一起，一说起客家话就成了亲人兄弟，无话不谈，本地人听不懂他们说的什么，只能干瞪眼。四川本地人都称呼他们为"土广东"，多少有点歧视的意思，其实他们心知肚明。为了能融入四川人的群体，不让别人把自己当作外来人，他们在外面一般只说四川话，所以只要离开踏水、八里大队的客家人，在成都街上或者没有人认识自己的地方，他们便都说四川话，一般人根本不知道他们是客家人。

由于迁移到成都的年代已经久远了，客家人在四川本地人的影响下，风俗习惯渐渐融入四川本地。据老住户马清国讲，这里的客家人与洛带的客家人并不完全一样，他们在习俗上与成都本地农民更加接近，除了他们讲话与我们有所不同，可以说其他方面已经没有什么两样了。客家话是客家人的通行证，他们随便走到何处，只要听到对方说的是客家话，都会有遇到亲人一样的亲切感。如果是买东西，客家商贩卖给客家人的东西，也会比卖给普通四川人便宜一些。20世纪六七十年代以后出生的客家人不仅连客家话都说不好，他们很多人甚至都快要听不懂客家话了。

客家聚居，形成了独特的客家风俗文化圈，而这独特的风俗文化圈，就是靠在交际中频繁使用客家话来实现的。客家人占据绝对优势地位的龙潭乡、西河镇、十陵镇、石板滩、黄土镇等地，由于交际中普遍使用客家话，所以受四川本地人的影响较小，保留了较完整的客家文化习俗。而在八里庄一带，应该是客家人向成都移民的过渡地带，由于四川本地人与客家人各占一半，客家人与本地人必然是相互渗透、相互影响的。而这样，反而推动了他们之间的和睦相处、相互融合，合二为一。随着城市的快速发展带来的人口流动，桃蹊路拥进了大量新住户，客家人的传统院落已经完全找不到了，客家人传统的生活方式以及客家话也正在现实生活中慢慢消失。

其实，移民四川在历史上不止一次。秦灭蜀国之后，原蜀地居民就大批向南逃亡，致使四川人口大量减少。为了加强对蜀地的控制与开发，自秦惠王开始，便实行了"移秦民万家实之"的政策。这样的"实蜀"政策一直延续到西汉晚期，长达三百余年。[①]从清朝康熙年间清政府制定《入籍四川例》，采取各种优惠政策鼓励移民入川垦殖，到1949年中华人民共和国成立，又是一个三百多年，客家人及其他各地移民大量入川，给四川的经济发展做出了巨大贡献。而在1949年以后，为了开发建设四川，政府又从全国各地调来数以万计的工人、技术人员和干部入川，帮助四川进行经济建设。而这些人员，也随之在川安家落户，扎根四川本土，渐渐融入本地人之列，可谓历史上的第三次移民入川。历史上的这三次移民入川，都给四川带来了多样的文化文明、先进的生产技术和开放开明的理念，极大地改变了四川的落后面貌，推动了四川的发展。可见，四川自古以来就是个移民大省，从全国各地入川的移民对四川发展做出的贡献是非常巨大的，这里面当然包括客家移民做出的贡献。善于团结和融合外来移民是四川的传统优势，正因为有这种海纳百川的包容精神，四川才会走在西部各省的前列，成为名扬海外的天府之国，也才有今天的美丽和辉煌。

① 成都市地方志编纂委员会办公室编：《成都精览》，电子科技大学出版社，2014。

修锅惹出的麻烦

在锦江电机厂老同志中间，流传过一个替厂对面生产队食堂修锅的故事。当时，由于修锅的费用太贵，贵得都可以买几口锅了，生产队食堂干脆不要锅了，为此还影响了工农关系。这到底是怎么回事呢？

1958年以后，中国农村都成立了人民公社，当时的八里庄就是圣灯公社踏水大队的一部分，其中包含几个生产队。八里庄地处大工厂中间，西北面是成都量具刃具厂，北面靠着石油总机厂，东面隔条厂北路就是国营锦江电机厂、新兴仪器厂，南面则有成都电机厂、电焊机厂，工厂就建在农田边上，工人农民难免不发生各种联系。

1958年夏天以后，全国的人民公社都开办了公共食堂。公共食堂基本上都是以大队或生产队为单位举办的，圣灯公社踏水大队所属的八里庄各生产队也办起了公共食堂。当时各家各户的小铁锅都交到公社去炼钢了，公共食堂炒菜、煮饭用的都是大铁锅。1962年，八里庄的一个生产队食堂大铁锅破了一个口子，无法使用了。该公共食堂只有三口大铁锅，要煮饭、炒菜，还要煮猪饲料，坏了一口锅很不方便。而当时，市场上又很不好买大铁锅，无奈之下，生产队领导决定将铁锅送到对面的锦江电机厂，请厂里的师傅帮助修一修。因为锦江电机厂是保密厂，不好进门，生产队领导专门跑到公社开了证明，然后才将铁锅送去。

　　大铁锅送到锦江电机厂收发室，将情况向收发室的同志说明后，收发室同志便给厂里有关部门拨打电话进行联系。过了好一会儿，从厂里走出了一个同志接待了他们。知道是为修一口铁锅的事，该同志感到为难说，我们厂不修锅，你们还是找个修锅的铺子修一下吧！送锅的农民互相看看，抠抠脑袋说，现在街上都没有做生意的了，到哪里去找修锅匠哟，要是能找到修锅匠我们还会求你们吗？厂里的这位同志听了后，微笑道，那你们稍坐，我请示一下领导再答复你们！说毕，就又进了厂门。大约过了半个多小时，那位同志出来了，他面带笑容说，我向科领导汇报后，领导说，农民兄弟的困难我们怎么能不帮助，那就把铁锅放在这里吧，我跟着就叫人把它送到车间去。说着就给农民开了张收条。农民千恩万谢后高高兴兴走了。

　　食堂炊事员以为修一个锅不过就是一会儿的事，于是第二天上午就派人到厂里去取锅。谁知，到厂收发室后，找到昨天接待他们的同志一问，才知那口锅连同修理计划才刚刚下到车间，这还是按急件处理的。车间将工单下到班组、再落实到具体的操作工人，最快也要一周后才能交货。农民一听，脑袋都大了，没想到工厂修一个简单的铁锅，手续竟这么复杂，但是人家工厂的同志既然这么说了，也没有办法，那就等一个星期后再来取吧。

　　一个星期后，两个农民又来到锦江电机厂，准备将修好的铁锅搬回去。他们联系了以前接待过他们的同志，等了足有半个多小时，才出来，手里还拿着几张单子。他一见到两位农民就抱歉地说，对不起，我去给你们的锅办手续去了，说着就将两张单据递了过来，说，这是收款单。你们把钱给我，我还得到财会科给你们交款，交完款才能把铁锅送出厂门。农民接过单据，看了看上面的数字，吃惊地说，这是修锅的费用吗？你们是不是写错了，咋个那么多哟！厂里的同志说，我们咋个会算错，厂里有专门的成本核算会计，工时费、材料费和加工费一共是这么多。两个农民一听火冒三丈，就大吵道，以前我们修一个锅也就几角钱，这个裂口再大也不可能这么贵，修理费都可以买几口新锅了，你们当真拿我们农民当瓜娃子嗦！厂里的同志说，你咋个这么说嘛，我们这么大个国营厂，未必还吃你这几十块钱的欺头？两个农民将单据一扔，愤愤不平地转身就回去了。

回到队上以后，农民向队长做了汇报，队长一听也气不打一处来，马上就跑到公社，向公社领导告了状。公社领导晓得锦江电机厂是中央厂，地方政府管不了，自己也没有办法，就给市委打电话诉苦告状。市委同志听了电话后，就将情况反映到主管国防工业的"二部"部长李国真那里。李部长听到反映后，第二天就给锦江电机厂党委书记郭克打了电话，问他修锅的事知不知道。因为这件事是生产部门具体操办的，郭克也不知道，他一得知情况就火了，放下电话找来生产科负责人劈头盖脸骂了一顿，并叫他们马上查清此事。生产科很快就把事情查清了。原来按照厂里的经济成本核算规定，这口锅的修理费确实也没有多算，但是这毕竟不是计划内军工生产嘛，一口锅怎么能与一般军品的生产相提并论呢？郭克当时就狠狠训了当事人，批评他们破坏工农关系，破坏了军工企业的形象，当场指示他们将修好的锅送到生产队食堂去，一分钱也不许收，以后如果他们的农具坏了，送到厂里来修，也一律不收钱！

当天下午，锦江电机厂就派人将修好的锅给生产队公共食堂送去了。开始生产队食堂的炊事员还以为工厂是上门讨债来了，弄清事情原委后，才松了一口气，高高兴兴地收下了锅。通过这件事，以后工厂与公社之间的关系就好多了。公社的电机、水泵有时坏了，送到厂里去修，从来都不收钱。农忙的时候，锦江电机厂还曾经派民兵去帮他们收过麦子。而困难年代，八里大队也给锦江电机厂送过不少蔬菜。

队里的二妹子爱上厂里的小伙子

20世纪六七十年代，八里庄一带农村曾流行过一段顺口溜："漂亮妹儿你莫想，早晚嫁到国防厂；二哥婆娘红苕花，煮饭喂猪生娃娃。"顺口溜中的"二哥"是农民对自己的戏称，以前叫工人老大哥，农民自然就是二哥了。顺口溜的意思是说漂亮的姑娘都嫁到了军工厂，剩下的姑娘才能给农民当老婆。这虽然有些夸张，但当时确实有这种现象。

当时的八里大队在几个大型工厂的包围下，农村与工厂虽然只相隔咫尺，但工人和农民的生活差距却非常大。工厂职工每天骑着自行车从田边上的马路经过，他们的衣着打扮、精神气质都让田里的农民艳羡不已，小伙子们做梦都想进工厂当工人，但也只是个梦而已；女娃娃做梦也想嫁个厂里的工人，这却并非不可能。20世纪80年代以前，农民主要靠挣工分为生，尽管有少量的自留地，产出的蔬菜也卖不出多少钱；而工人就不同了，每月有固定收入，虽然照现在的标准看来也不多，但当时比起农民还是很可观的，而且还有公费医疗、劳保、住房等额外福利，怎能不让农民羡慕呢？所以，当时的农村姑娘做梦都想嫁个工人哥哥。

而围绕在八里大队周边上的几个大厂里的工人，虽然表面看起来很风光，其实也有其难言之隐。这些厂普遍都是转业军人多、男性职工多、单身男子多。而男性转业军人中，又有不少参军前原本也是农村人，他们在本地无亲无友，没有人牵线搭桥，要想找个女朋友谈何容易？仅靠本厂内部男女职工互相搭配显然远远满足不了需求。如果说刚建厂时这个问题还不突出，进入20世纪60年代中期后，那些1958年以前进厂的青年职工都已普遍到了结婚年龄，他们的婚姻问题就显得更加紧迫了。

为了解决本厂职工的个人问题，各厂的工会、团委首先打起了外厂的主意，向民用厂抛出了绣球，川棉一厂成了东郊各军工厂的主攻方向，"纱妹"成了香饽饽。但即使这样还是有一些适龄男青年找不到配偶，成了剩男。无奈之下，一部分男职工自然而然地就把目光瞄向了家门口的圣灯公社八里大队。农村姑娘虽然与厂里的女工都生活在成都，但是户口不一样，一个是农村户口，一个是城市户口，即使同在圣灯寺、八里庄居住，工厂职工的户口上在东城区建设路，而农民的户口则上在金牛区圣灯公社。当时，成都市金牛区是农业区，郊区的农业人口都归金牛区管辖，而农村户口是买不到商品粮的。如果谁找个农村姑娘，将来生了娃娃也只能随母亲的户籍当农民。可见，城乡身份的差别之大，甚至还会决定下一代的命运。工厂与农村就只隔一条路，或者一堵墙，差别却那么大，农村姑娘除了感到不平之外，就是想如何改变自己的命运。那时候持有农村户口连进厂当工人的机会都没有，她们唯一能够想到的办法，可能就是嫁给工厂的工人做老婆。因为这样一来，至少可以从经济上改变一下现状。但这也不是容易的事，因为种种政策限制，特别是下一代身份户口的问题，厂里的小伙子一般是不会轻易找农村姑娘的。当然也并不是说，厂里的小伙子就真的很俏（条件高）了，农村姑娘就真的没人敢娶了，长得漂亮、家庭条件好的农村姑娘也不是随便什么厂里的小伙子都会嫁的，厂里有些家在偏远山区农村的小伙子，如果家庭困难负担又重，你想找个附近的农村姑娘，人家还不一定看得上你。

　　与八里大队仅隔一条马路的锦江电机厂里，有一个姓谢的工人（现已退休、年近八十），他是圣灯公社本土人，1963年从部队复员，被安置到锦江电机厂当钳工，由于在参军前就与本队的姑娘订了婚，所以进厂才几个月就结婚了。他结婚那天，同车间的不少小伙子都去他家吃喜糖、闹洞房，结婚现场非常热闹。厂里来的都是小伙子，而八里大队来的除了小伙子还有不少姑娘，姑娘大都是十八九岁年龄，正是含苞欲放的花季，把厂里来的小伙子都看呆了。而其中一个姑娘最引人注目，她长得就像《柳堡的故事》里的二妹子，额前留着齐齐的刘海，脑后梳着两条长长的辫子，水灵灵的大眼睛，一笑两个酒窝。一个中年妇女把厂里小伙子的表情都看在了眼里，指着那姑娘笑道，这是我们家二妹，长得乖吧？不是吹的，那可是我们这里的一朵花，随便哪个看了都说她长得跟电影里的二妹子一样，巧在她在我们家也排行老二，我们队里的人都喊她"二妹子"。哪个不知道我们二妹子漂亮，这两年说亲的人都快要把我们家的门槛踢断了，可她一个也看不起，她就想嫁个信箱厂①的工人。她的话还没说完，二妹子的脸就已经红到耳根，起身说道，大嫂，你说些啥子嘛，好烦！辫子一甩便低着头跑了。姑娘跑后，小伙子们便躁动不安起来，纷纷称赞她漂亮，打听起她的

---

① 信箱厂：指"一五"时期建于成都建设路的一批工业工厂，因工厂宿舍大院多以数字番号命名，如"82信箱"，故得名"信箱厂"。

——编者注

情况。大嫂扫了他们一眼笑道，不是吹的，凭我家二妹的长相，你们厂也没有几个女娃子能比，别看我们是农村户口，真想娶她，不是大学生，也得是个中专生，随便一个小工人我们还看不起呢！小伙子们听了她的这些话，都面面相觑，一时不说话了。

婚礼之后几天，车间便有三四个小伙子分别找到谢师傅，求他把自己介绍给二妹子。谢师傅委托老婆替他们在中间牵线搭桥，来来往往见了几次面后，姑娘一个也看不上。大约几个月后，经谢师傅介绍，二妹子与该车间的一个姓陈的技术员耍了朋友。陈技术员是个中专生，高高的个子，戴副眼镜，显得斯斯文文。二妹子长得漂亮，温柔贤惠，两人一见钟情，不久后便结了婚。陈技术员是外县人，父母也都是农民，在成都没有家，结婚后就成了上门女婿，住在厂对面的老丈人家里。两人共生了三个孩子，一直都生活得很和谐。20世纪90年代，八里大队土地统征，农民全部转为城市户口，二妹子家有钱了，陈技术员也评上副高，工厂为他分了一套二的宿舍，后来他们又在外面买了电梯公寓。苦尽甘来，一家人生活越来越幸福。

有谢师傅牵线搭桥，再加上陈技术员与二妹子结婚后又多了很多关系，该车间不少小伙子都在附近农村找到了意中人。那时候，人们之间喜欢串门走动，一到星期天，车间里有些想打"主意"的小伙子便来到谢师傅家或者陈技术员家，帮他们做做家务事，蹭顿饭吃，顺便（其实是"主要"）与附近的农家女孩拉拉关系，寻找"进攻目标"。因为城市户口和国营工厂工人的身份，厂里的小伙子对自己的价值还是很有自信的，一般说来，只要愿意找农村姑娘的，基本都能如愿以偿，很快"脱单"。谢师傅那个车间总共有职工四百多人，其中男性职工占三分之二，而与附近农村姑娘结婚的就有三十多个，如果把全厂各车间都统计一下，工农之间通婚的数量肯定更多，只是，在这些案例中，竟没有一个是女工嫁给农村小伙子的。

当然，工厂小伙子与农村姑娘恋爱结婚的绝不只有锦江电机厂才有，与八里大队紧临的各厂其实都有这种情况，只不过多少有所不同而已。我在桃源社区开座谈会时，专门问过这样的问题，四川石油总机厂的一个老同志说，他们厂职工有两千多人，与附近农村姑娘结婚的至少有一百多人。虽然我没有一个厂一个厂地深入调查，但从我了解到的情况看，成都量具刃具厂、成都电机厂、成都电焊机厂等厂工人与附近农村姑娘结婚的现象应该也很普遍。

在当时那种情况下，对农村女娃儿来说，那可是改变自己命运的机会，丈夫每个月有工资拿回家，吃的是商品粮，家庭中只要有一个这样的人，生活就不一样了。虽说那时候工人的工资也不高，但是他每月到时候就能领到钱，又很稳定，不像农民，一年分一次钱，平时卖点菜、卖点鸡蛋挣点买油盐酱醋的零花钱还提心吊胆，生怕人家割资本主义尾巴。

农村姑娘争相嫁到国营工厂是当时的国情造成的，随着改革开放的深入，农村生活水平大幅度提高，工农差距日益缩小，这一现象已经成了历史。

（应受访者要求，隐去真实名字）

俄式塔楼留给桃蹊的故事

　　成华区桃蹊路北边，有一座土红色的俄式尖顶塔楼。20世纪50年代，成都的地标性建筑就是这座有着"小克里姆林宫"之称的建筑。这座"塔楼"已成为不少成都人记忆中抹不去的一部分。"塔楼"作为当年"东郊"的地标，如今已逐渐淹没在电梯公寓的森林之中，高大富丽的"浅水半岛"楼群就耸立在它旁边，将这座曾是成都最高最美的建筑衬得那么低矮平凡，像一个满脸沧桑的老人，让今天的年轻人无论如何也想不到她曾经有过的富丽辉煌。俄式塔楼墙体全部为红砖砌成，建筑面积3575平方米，分为主楼和两侧副楼，左边是三层楼的厂房车间，右边三层楼是办公区。1976年松潘地震后，为了抗震、防风化需要，用水泥将砖墙加固了一遍，红砖墙就此变成了米黄色的水泥墙面。2001年"成量"（即成都量具刃具厂）"东调"以后，政府为了保护这座工业文明的遗址，又将米黄色的水泥墙改回最初的红砖墙。2007年这座俄式塔楼被列为四川省第七批文物保护单位。

　　这幢俄式建筑是完全按照哈尔滨量具刃具厂的图纸建设的，由苏联专家设计，至今已有六十余年历史。就是在这座塔楼下，"成量"人曾经创造过很多奇迹，曾经为国家做出过很多贡献，曾经让多少成都人为之自豪……

艰苦奋斗半个多世纪

成都量具刃具厂，是"一五"期间苏联援建我国的156项重点工程之一。1956年5月始建，翌年便投入试生产，是当时"多快好省"办工业的典范，《人民日报》曾以一个整版的篇幅对"成量"的情况加以报道，中央新闻纪录电影制片厂还为"成量"拍过一部专题纪录片——《一个多快好省的工厂》。早在1952年，成都量具刃具厂（最初的代号叫205厂）刚开始上马时，工厂选址原在跳蹬河，就是后来成都热电厂的位置。

1953年，成都量具刃具厂因故下马。下马后，当时的三位厂领导王观潮、李光、杨亭秀率队，带领成都的几十名工人技术员去东北参加哈尔滨量具刃具厂的建设。1955年，成都量具刃具厂重新上马，王观潮却留任哈尔滨量具刃具厂的党委书记兼厂长，由杨亭秀带领人员回蓉主持建设。为选址问题，杨亭秀拿着图纸去找时任中共中央西南局书记的李井泉，请他拍板。李井泉亲自在图纸上圈定了现在的厂址。建设工厂要征用农民土地，附近农民都热情支援国家建设，毫不计较个人得失。征地工作进展得非常顺利，半个月就全部搞定了。

勤俭节约精神贯穿"成量"建厂的整个过程。厂长杨亭秀带头，提出了"先生产、后福利，边生产、边建设"的建厂方针，修了许多茅草屋作为工厂行政办公室和职工住房，国家投资的3000万元建厂资金只用了一半，还节约了1500万元。李井泉把该厂作为"最好的典范"在重庆推广，他对重庆的企业领导说："你们去找成都量具刃具厂的建厂缺点吧，哪个找到了有奖励。"

"成量"和"哈量"都是根据苏联专家的同一张设计图纸建成的，可谓双胞胎兄弟，不仅外貌"长"得一样，都有一个苏式尖顶塔楼，而且，连工厂的组织机构、厂房布局也完全一样。"哈量"投产以后，原来由成都调去支援建设的人除少数留下，大部分人员又陆续回到了成都。在建设"哈量"过程中，他们积累了大量的实践经验，所以回到成都后，都成了生产一线上的骨干。

1958年3月5日下午，毛泽东主席来到"成量"视察，给成量职工带来巨大的惊喜，也带来了巨大的鼓舞，至今还让该厂的老职工们津津乐道。除毛主席之外，朱德、刘少奇等中央领导同志也先后视察该厂，使"成量"厂的士气大振，工业生产一年上一个台阶，在后来的三十多年中取得了辉煌的成就：她曾在全国工具行业中创造过产量第一、出口创汇第一、上缴利税第一、产品质量第一的骄人纪录。这个可生产400多个品种、5000多种规格、产品远销全国各地及世界60多个国家和地区的大型企业，还曾是成都市的四大财政支柱之一。国家在"成量"建厂时曾投资3000多万元，"成量"则以20倍于这个数字的利税回报了国家……

然而，就在这时，人们忽然发现，那座苏式尖顶塔"倾斜"了——1996年，"成量"在困境中苦苦抗争了两年后，终于撑持不住，出现了第一次亏损；1998年，"成量股份"也出现较大亏损。

到2000年为止，成都量具刃具厂建厂已四十余年，为国家出过力、做过巨大贡献。但四十多年中，国外的工具行业经历了多次技术更新改造，取得了革命性的技术进步，"成量"却依然主要在用五六十年代的设备技术进行生产，它当初曾具备的技术设备优势早已过时。而且由于当时实行利润全部上缴的政策，企业自留资金极少，加之各种负担沉重，自己也无力筹集技改资金对本厂的设备进行技术改造，于是只好用"小米加步枪"与国外现代化企业进行无望的竞争。这在计划经济时代，产品由国家统包还不存在危机，一旦实行市场经济，用户可以自由挑选商品了，老产品就一下子失去了竞争力。

其实，"成量"的决策层早就意识到产品设备老化，也想投入资金对工厂设备和产品进行技术更新，在20世纪80年代，"成量"领导层为了适应工具市场的新变化，决定上硬质合金项目。上级主管部门也批准了"成量"的计划，并划拨了专项资金一亿多元投入硬质合金项目的开发。

正当人们欢天喜地投入这个项目的建设时，国家出台了"拨改贷"的政策，一亿多元拨款一夜之间变成了一亿多元债务，同时产生了利息。按当时的贷款利率，一亿多元的贷款每年仅支付利息就得拿出一千多万元，再加上设备的折旧费每年六百多万元，两项费用每年就得付出一千七百多万元。面对巨大的债务压力，工厂决策层考虑再三，认为为了适应工具市场的新变化、保持"成量"的技术优势，还是得硬着头皮上。而该项目由于种种原因最终并未完全形成生产能力，根本无法偿付银行贷款利息和折旧费，总厂又没有积累，只好眼看着银行贷款利息越滚越大，从此便深深地陷进了债务的泥淖中无法自拔。

不进行技术更新，就得面临产品老化被市场淘汰的命运；而更新，就得背上沉重的债务、面临破产的风险。"成量"人在两难中困惑了。

正被硬质合金项目背下的沉重债务压得喘不过气来时，为一个公司贷款担保造成的债务纠纷又把"成量"推上了法庭，加之各种"三角债"的纠缠，"成量"人天天在债权人的"狂轰滥炸"下艰难度日，厂领导每天被讨债人"围追堵截"。职工的工资降下来了，用于维持简单再生产的资金严重不足。债务的重负压在职工们的心上，给人们的心里留下了重重的阴影……

计划经济时企业是社会劳动力的"蓄水池"，职工数量过多，使劳动生产率长期处于较低水平，是企业的又一个巨大压力。与二十年前相比，职工总数没有增加，工资总额却增长十倍，而工厂收入则只增长三倍左右。

由于人多，造成机构臃肿、人浮于事，管理混乱、拖拉扯皮，政令不畅、效率低下。工厂成了小社会，企业决策层常常为了职工的吃喝拉撒忙得团团转，造成了对企业经营工作的严重干扰。

市场经济的浪潮，冲破了计划经济的大一统天下，靠政府行为稳坐霸主地位的大型国有企业的垄断统治受到了严重挑战，地方小厂和乡镇企业"揭竿而起"，向这些行业"霸主"发起了全面挑战，国企的霸主地位动摇了，多种所有制企业构成了"诸侯割据"式的市场格局开始形成，各类行业都进入了硝烟滚滚的"战国时代"。

曾经的"成量"与"哈量"，一个傲视北方，一个雄踞南方，整个中国的工具市场被这两个"超级大国"瓜分了大半，当时只愁怎样超额完成国家计划下达的任务，缓解一下市场压力，何曾想到过产品还有销不出去的一天？

俄式塔楼留给桃蹊的故事

但这一天还是伴随着市场经济的脚步声悄然来到。

全国工具行业在20世纪70年代总共有二百七十多家工厂，到90年代初竟猛增到一千多家。虽然工厂增加了，但工具行业的劳动生产率却很低下。但就是在这样一个狭窄的空间范围内，中国的工具行业展开了一场低层次、低水平的你死我活的"厮杀"，不少"草寇"型民办企业倚仗其价格优势和灵活的经营手段，把低劣的产品倾销到工具市场。一方面是假冒伪劣大行其道；一方面是符合国家质量标准的正规产品没有销路，这极大地打击了有技术实力的正规厂家，给工具行业带来了灾难性的恶果，最后是两败俱伤，造成了行业性的亏损。当然，"成量"也成了受害者，成了亏损大户。

为走出困境，"成量"领导层从未放弃努力和抗争，一直在不

▲ 刃具厂办公楼　摄于20世纪90年代　成华区地质办供图

懈地进行各种探索和尝试。而利用壳资源积极推进资产重组，并通过资产重组盘活存量资产，优化资产配置，寻找新的利润增长点则正是"成量"走出困境谋求生存和发展的一条捷径。此举使"成量股份"卸掉了历史上形成的巨额债务负担和债务包袱，有效改善了债务结构，降低了生产成本，提高了盈利能力。

一个新的机遇又摆在了"成量"面前。

1999年，中共成都市委开始把关注的目光投向"东调"。2001年，中共成都市委做出"东调"的战略决策，决定通过对东郊工业企业实施搬迁改造，甩掉历史包袱、提升企业竞争力。成都量具刃具厂坚决贯彻市委的决策，告别了老旧的俄式尖顶塔，卸下沉重的历史包袱，在成都市新都区绕城路南一段，建成了一座占地248亩、建筑面积12.8万平方米、绿化面积4.5万多平方米的崭新现代化厂房。现在的"成量"，不仅厂房更漂亮了，资本也更雄厚了，而人员却减少了很多。如今，其产品涵盖5大类、600多个品种、数万个规格，拥有各种设备1500余台（套），具备年生产刃具5000万件，量具量仪200万件，数控刀具45万件，硬质合金制品100吨的生产能力。在国内工量具行业中，企业销售规模仍位居前列。"成量"迎来了建厂后的第二个春天！

尽管如此，人们一提起成都量具刃具厂，还是会不由自主地想起那座老旧的俄式尖顶塔楼，想起当年在塔楼下发生的无数动人的故事。俄式塔楼不仅是成都量具刃具厂的特色建筑，更是成都东郊工业文明的标志性建筑，它承载着一代人的记忆。老"成量"虽然已经从成华区桃蹊路辖区退出了，但留下的那座俄式尖顶塔楼却还在给后人讲述着昨天的故事。

杨亭秀的坎坷人生路

翻开成都量具刃具厂的厂史，有一幅照片便会出现在人们眼前：1958年毛主席来到"成量"视察，而陪在毛主席身边的那个干部就是当时的厂长杨亭秀。杨亭秀，原名王世仁，山西代县东马村人，出生于1918年。亭秀家里虽穷，但父母仍不惜卖掉部分土地、家产送他读书。1936年冬，随着日寇对华北的步步紧逼，抗日救亡宣传活动形成高潮，杨亭秀加入了抗日组织"牺盟会"，积极参加抗日宣传救亡运动，发动各界群众为绥东抗战将士捐款捐物，为推动全县抗日民族统一战线的形成做出了自己应有的贡献。

1937年，亭秀考入了山西第五师范学校，不久卢沟桥事变，日寇大举入侵山西，五师被迫停课，9月代县沦陷，亭秀在枪炮声中逃出代县。逃亡路上，亭秀幸运地遇到五师进步同学郎焕丽（后名林千），经这位同学介绍，考入了临汾民族革命大学。大学的不少教师都是共产党人，亭秀在这里受到了初步的马克思主义教育。

1938年"民大"毕业后，杨亭秀被分配到敌后抗日根据地晋察冀边区从事革命工作，投身到艰苦卓绝的抗日战争中。为避免暴露身份，他隐去王世仁的真名，化名杨亭秀，从此这个名字便伴随了他的一生。在抗战中，杨亭秀领导的抗日武装给予了日伪武装以沉重的打击，让日伪闻风丧胆，民间便有了"西有郭子明，东有杨亭秀"之说。日寇汉奸对杨亭秀、郭子明恨之入骨，公开悬赏三千大洋购买两人人头。1944年初，杨亭秀任代县县委常委、宣传部部长。1945年初，二十六岁的杨亭秀被任命为代县县长，领导地方武装配合我主力部队向敌伪发起最后的反攻。抗战胜利之后，又经历了三年解放战争，1949年12月杨亭秀随18兵团南下四川，担任了金堂县的首任县委书记。

1952年，毛主席号召把优秀地方干部输送到工业战线上去，杨亭秀便由金堂县调到205厂任厂党委副书记兼副厂长。1953年5月，杨亭秀又被调到哈尔滨量具刃具厂任厂党委副书记、副厂长。在这段时间里，亭秀学到了不少企业管理方面的知识，逐渐由一个工业战线上的门外汉，变成了一个称职的企业领导干部。

为了筹建成都量具刃具厂，1956年，中央调杨亭秀再次回川负责"成量"的筹建工作，任厂长兼党委书记。当时工业建设没有现成的路可走，"上马""下马"是常有的事。本着避免"下马"的朴素想法，亭秀从各个环节上节省时间。第一步是图纸设计，按照正常速度，光设计也得一年多，亭秀想利用现成的哈尔滨量具刃具厂的设计图纸，但上级设计部门不同意。亭秀逐级请示，一直请示到机械工业部设计总局，亭秀的意见也没有得到批准。双方僵持不下，最后只好征求机械工业部苏联专家组组长的意见，苏联专家在听取了双方的意见后，赞成杨亭秀的意见，认为重复使用设计图纸，可以大大加快建设速度，符合中国尽快把工业搞上去的精神。图纸问题解决了，大大缩短了开工时间，2月23日挂牌筹建，5月3日就破土动工了。到1956年年底，先后建设了工具、机修、模盒、刃具等车间，以及中材库房等。工具、机修车间已开工生产。

1956年底，杨亭秀最担心的事还是发生了，中央下令成都量具刃具厂缓建，并将投资削减一半。按照计划，这一半投资仅够用于宿舍、培训、工资等项，生产无从谈起。在这种情况下，杨亭秀果断调整基建计划，决定将建宿舍的钱节省出来搞试生产，动工建设量具厂房大楼，按试生产要求购置必要的机器设备。干部工人坚决支持厂长的决策，党团员带头参加义务劳动，自己动手建设非生产设施，盖了一大批草房子，解决了宿舍、小学、幼儿园、俱乐部、医院、食堂、办公室的用房问题。杨亭秀带头在草房里办公、住宿。就这样，在短短一年多的时间里，杨亭秀顶着各种压力，在投资削减一半的情况下，将一个大型骨干企业初步建成。

1957年3月5日，朱德委员长到厂视察，在草房办公室里听取了杨亭秀的汇报。朱老总越听越有兴趣，他边听边点头说，你们厂的做法符合中央、毛主席艰苦奋斗、勤俭建国的方针，符合党的群众路线。朱老总接着说：我到苏联参观过七八个厂子，觉得苏联的专业管理不错，但缺乏群众路线、群众管理。你们既要搞专业管理，也要搞群众管理，二者结合起来。战争中士兵在战壕里还开民主讨论会，工厂为什么不能搞呢？苏联搞的是一长制，我们要搞党委领导下的厂长负责制，集体总比个人强嘛。对于这些教导，杨亭秀一辈子也没有忘记。随后朱委员长还在四川省委召开的省市干部大会上介绍了"成量"的建厂经验，3月16日又书面向党中央和毛主席汇报了"成量"建厂的经验，中央随后便转发全国各省市学习。4月10日，《人民日报》发表了评论员文章《勤俭建厂的一个范例》。"成量"成了全国勤俭建厂的先进典型。

1958年春天，毛主席来到"成量"视察，那一张陪同毛主席视察的照片在《人民日报》《四川日报》等报纸刊出后，给杨亭秀带来了巨大的荣誉。荣誉既是压力，也是动力，杨亭秀和党委一班人不敢有半点松懈，认真贯彻执行党中央、毛主席和中央领导同志关于发展工业的一系列文件、讲话、指示精神，创造了一些在今天看来仍然可行的好经验，充分调动了干部群众建设社会主义的积极性，产品产量逐年成倍增长。到1960年，累计上缴利润可再建五个同类型的工厂，产值为设计能力的十倍。更可贵的是带出了一支艰苦奋斗、不怕困难、无私奉献、敢打硬仗的职工队伍。6月24日《人民日报》头版头条以"新型的社会主义企业管理制度"为题发表文章，向全国推广"成量"的经验。接着在中央召开的表彰大会上，周恩来总理亲自为"成量"颁发了红旗，成为全国的先进典型。中央新闻纪录电影制片厂还拍摄了《一个多快好省的工厂》的专题纪录片在全国放映。

正当杨亭秀的事业如日中天之时，他的命运突然在1962年以后逆转，当时省里的某些领导错误地把中央下放给企业的各项经营自主权说成是他犯了"分散主义"错误，并上纲为阶级斗争性质的问题。之后，工作组陆续进厂，又新调来党委书记接替他的职务，各种各样的"帽子"纷至沓来，批判调门越来越高。接着党委副书记、副厂长、工会主席、组织部长、宣传部长及一大批中层干部被当作所谓的"杨家将"换下或调走，杨亭秀完全"靠边站"了。"四清"开始后，他又成为全市批判的典型。"文化大革命"前夕，杨亭秀被强加了一个"党内严重警告"的处分。"文化大革命"期间，杨亭秀又受到冲击。革委会成立后，杨亭秀继续受到不公正的对待，他曾一度被造反派抓走，关进水塔底层的一间小屋里，受尽了折磨。在被关押的日子里，他认真地回顾自己所走过的道路，坚信自己的所作所为是忠于党、忠于人民的，没有做过任何对不起党和人民的事情，自己问心无愧。他坚信组织终究会还自己一个清白。

1971年"林彪事件"发生后，在水塔下的黑屋里整整关了十八个月的杨亭秀终于被释放了。1974年四川省委主要负责同志指名将刚"解放"的杨亭秀调到四川东方红机械厂任党委书记。这是一个重点军工企业，还没有完全建成，就被"文化大革命"闹得瘫痪了。此时，杨亭秀头上虽然仍戴着党内严重警告处分的帽子，但他看到国家财产正遭受损失，就完全忘记了自己曾遭受过的不公正对待，他又拿出了当年建"成量"的劲头，全身心投入到工作中去，再一次表现了一个共产党人的高度党性。他在全厂干部工人的大力支持下，大抓设备安装工程，年底就完成了基建任务。1975年开始生产产品，当年还向国家上缴了利润，第二年就正式投产。一个濒临倒闭的企业就这样在杨亭秀手上重新焕发出生机。

1977年，从未向组织提过任何要求的杨亭秀为了照顾生病的老伴向第一机械工业部打报告，请求调回北方工作。部里同意他调回山西。谁知正在这时，又有一个重要任务在等着他了。

陕西汽车制造厂是个半瘫痪的老大难企业，部里一直想整顿该企业，只是苦于没有得力的干部愿意去而不能行动。这次杨亭秀一回来，部长的目光立刻盯住了他。杨亭秀是个热血汉子，怀着一腔报国热情，向来都把党的事业、党的利益看得高于一切，内心纵有一千个理由不去，但经不住部长三说两说，他就动心了。

　　已经六十岁的杨亭秀又打起背包，毅然住进了位于山沟里的陕西汽车制造厂。这次，他是以陕西机械工业厅副厅长兼陕西汽车制造厂党委书记的双重身份到厂里的。他一进厂就进行调查研究，很快弄明白了问题所在。原来，这个厂的技术骨干和部分中层干部都是从北京来的老职工，他们来时未带户口和家属，很多人十年都没有回过家，一心想调回北京，所以才不安心工作。北京同志的困难和痛苦领导也不是不知道，但是汽车总局、省机械厅都不敢做主放他们回京，怕这些干部和技术骨干走后影响生产，其实他们不走也已经影响了生产。杨亭秀决定解决这部分同志的实际困难，放这些同志回去。在全厂职工会上，他郑重宣布，只要把今年的生产搞上去，培养好自己的接班人，明年你们就全部回去。这一来，职工的积极性充分调动起来了，当年就完成了生产和基建任务，陕西汽车制造厂呈现出无限生机。1979年北京的289名同志陆续调走，杨亭秀也兑现了他的承诺。

　　1979年12月，中共成都市委给杨亭秀彻底平反，撤销了1962年以来给他的一切处分。十七年来，杨亭秀蒙受了多少冤屈，而当这份迟到的平反通知书送到他手上时，他只是淡淡一笑。

　　1983年，65岁的杨亭秀从副厅长的岗位上退了下来，他终于可以清闲一下了。党和人民没有忘记他一生做的贡献，在他退休以后，给予了他正厅级政治待遇和副省级生活待遇，但老人从来不摆什么副省级干部的架子，常常帮老百姓做些事情，甚至还为集体宿舍打扫厕所。2014年12月31日，96岁的杨亭秀走完了光荣而坎坷的一生。

王国维之子"隐居"成量五十年

　　2009年11月24日，在成都市西安中路附近一个小区里，有一个叫王慈明的九十五岁的老人安详平静地去世了。长久以来，人们只知道这个文质彬彬的老人曾是"成量"的总工程师，却不知道他是国学大师王国维的儿子，他也从未向人提及自己的身世。直到2006年，王慈明才被四川大学历史系教授黄奇逸意外"发现"。2006年10月25日的《天府早报》有一篇题为"王国维之子成都默默生活五十年"的报道中这样写道："2006年5月份，黄奇逸教授同成量工具集团有限公司董事长夏义宝一起吃饭，两人对古文学都偏好，谈得很投机。'王国维的后人在成都，就在我们厂里。'谈到国学大师王国维时，夏义宝无意中透露的一句话，让黄奇逸一惊。"该报接着报道了黄奇逸10月19日在望江公园与王慈明会面的情景。用黄奇逸教授的话来

▶ 王慈明　四川新闻网照片

说：能够见到他，是意外之喜；发现他在成都，是成都学术界的一次震动。王国维的儿子原来已经在成都"隐居"了五十年，真是"众里寻他千百度，蓦然回首，那人却在灯火阑珊处"。

1956年3月，一机部给"成量"派来了一位总工程师，来人叫王慈明，厂长杨亭秀不仅认识他，还曾与他在"哈量"共事过两年多，当时，杨亭秀是"哈量"的副书记，王慈明是总工艺师。杨亭秀看过王慈明的档案，知道他的父亲是国学大师王国维。王慈明调来"成量"后，曾经专门给杨亭秀打过招呼，请他一定保密，千万不要泄露他是王国维之子的消息。他认为，父亲的成就始终属于父亲，子女绝不应该把父亲抬出来炫耀。杨亭秀尊重他的意思，从没有将这事向别人透露过。因此，很长时间内，"成量"里都没有人知道他是王国维的儿子。

王国维（1877—1927），初名国桢，字静安，一字伯隅，初号礼堂，晚号观堂，又号永观，谥忠悫。汉族，浙江省海宁人，中国近、现代相交时期一位享有国际声誉的著名学者。王国维早年追求新学，受资产阶级改良主义思想的影响，把西方哲学、美学思想与中国古典哲学、美学相融合，形成了自己的美学思想体系。王国维与梁启超、陈寅恪和赵元任号称清华国学研究院的"四大导师"，中国新学术的开拓者，在文学、美学、史学、哲学、古文字、考古学等领域成就卓著。他精通英文、德文、日文，使他在研究宋元戏曲史时独树一帜，成为用西方文学原理批评中国旧文学的第一人。王国维先后娶两妻，前为莫氏，育有三子。莫氏病逝后，续弦潘氏，再育六子二女。王慈明是王国维的第五个儿子，为潘氏所生，生于1915年。王国维先生辞世时，王慈明才十二岁。

王慈明的童年是在父亲身边度过的，那时王国维为清华大学教授，因此，他平时生活中接触最多的就是清华大学教师的子女，小时候他们经常在一起玩耍，非常开心。七八岁时他开始发蒙，但并未进正规学堂，而是由父亲亲自给他讲授《左传》。据王慈明的姐姐王东明回忆，父亲对子女的要求显然没有对学生那般严格。每次父亲为她讲课，讲完了问她懂不懂，她点点头，当天的功课就算完了。如果背诵得磕磕绊绊，父亲也只是"皱皱眉头"，不待她背诵熟练，就开始教新的课程了。王慈明小的时候，父亲忙于治学，也没有多少时间管他。

1927年6月2日，王国维先生投湖自杀，王慈明那年才十二岁，这对他是一个巨大的打击。一夜之间，他仿佛变了个人似的，不再是原来那个调皮幼稚的孩子，突然懂事了许多。父亲去世后的第二年，王慈明就随母亲从北京搬回浙江省海宁老家，所以王慈明是在海宁上的小学，在嘉兴省立二中（现嘉兴一中）读初中，之后又在杭州读高中。虽然王国维在国学上的造诣极高，但他却没有让任何一个子女继承他的"衣钵"，因为他常感到在动荡的年代中做一名学人的不易，不但要经受时局动荡导致的颠沛流离和冲击，还时常为生计所困，他希望儿女们都能凭借一技之长，不至于为生计担忧。尊重父亲的遗愿，王慈明1935年高中毕业后，考入了上海交通大学工学院电力系电机制造专业。四年后毕业，被招至昆明中央机器厂工作，从甲种实习生逐级晋升，直至工程师，抗战胜利后才回到上海。

新中国成立后，王慈明被任命为昆明机床厂副厂长，重新回到昆明工作。1952年，他奉命从昆明机床厂调到第一机械工业部，为武汉重型机床厂项目选址。选址工作刚完成，1953年就又奉调去了新建的哈尔滨量具刃具厂，担任总工艺师。20世纪50年代初，他被评为一级工程师。1956年，王慈明被派到成都，参与筹建成都量具刃具厂，并担任"成量"总工程师。王慈明担任"成量"总工程师期间，曾主持对苏联的技术和工艺进行改进，他先后成功研制了滚刀测量仪、齿轮周节测量仪、电感测量仪、光栅尺、千分比较仪、万能测齿仪等量具产品，不仅填补了我国空白，还发展为"成量"又一大类主打产品。在他的主持和带领下，"成量"的多种产品获"中国名牌产品"称号以及国家质量金奖或银奖。1982年王慈明被评为教授级高级工程师，曾担任多届四川省人大代表。

王慈明的工资比厂长杨亭秀还高，1968年就达到三百多元，当时是厂里最高的，但他却过着与一般职工一样的简朴生活，从吃到穿没有一点点特殊。据老同志万玉宁说，王总平时文质彬彬，对人极为谦和有礼，和工人们一起在食堂排队买饭，从不要求特殊待遇，从来不摆架子，更不会和人争吵，很宽容平和，职工们都很尊重他。

王慈明曾住过的"成量"宿舍区66号院，是个普通的小院，楼下有一片葱绿的小园林，显得很清净。1994年，王慈明夫妻搬入这栋楼三层的一套两室一厅居住，房间面积仅有六十多平方米，没有装修，一直保持着分房时的原貌。厂领导多次想给他换个大点的房子，让他们住得舒适点，可是他总是推说算了，之后就一直住在这里。他房间内的陈设非常简单，最贵重的东西就是那台旧式彩电、影碟机和普通组合音响了。

王慈明从小爱听京戏和古典音乐，一辈子也没有改掉这兴趣，组合音响是他听京戏和音乐的必需品。王慈明对电子兴趣很浓，家中订有电子类杂志。20世纪70年代，他曾自己动手组装了一台电视机，那也是"成量"职工自己动手组装的第一台电视机，还引起了小小的轰动，邻居、同事闻讯都挤到他家观看。后来虽然年纪大了，但他对电子的兴趣丝毫未减。为了满足他的兴趣，儿女还专门为他买了笔记本电脑，老人经常上网浏览，偶尔还打打游戏，就像年轻人一样。直到他逝世前几年，才在子女们的"强制"安排下搬到一个条件较好的小区居住。

据万玉宁同志说，王慈明的妻子顾华曾是苏州的大家闺秀，也在"成量"做技术工作，两人育有两子一女。大儿子王庆元曾是八里庄中学（后改为成都外国语学校）教师，二儿子王五一曾任蜀锦厂厂长，均已退休。小女儿王令尔，十八岁那年母亲提前退休让她顶替进了成都量具刃具厂，到车间做了一名普通工人。由于王令尔工作认真，人又聪明，被厂里抽调去学习财会，后来成了"成量"公司财务部部长。由于种种原因，王国维的后代中除了从事诗词校注的次子王仲闻，儿孙中就再也没有从事文史研究的了。

1982年，王慈明的小女儿王令尔回过浙江海宁盐官镇西门内周家兜老家，当时老宅还是草房。2002年再回去时，老宅已经修葺一新，快要认不出来了。作为王国维少年时代住过的老宅，现已成为文物保护单位。当时，王令尔要进去，还被工作人员拦住要她买门票。同行的友人指着正厅安放的王国维半身铜像笑道："自己的孙女回家来，还要买票，你看看是不是和爷爷长得一样？"王令尔也笑道："大家都说，我们这一辈，就我和爷爷最像。"工作人员这才知道了来客的身份，连忙请他们进去。这个小误会，在家乡还一度成为笑谈。

晚年的王慈明身体一天不如一天，因腿脚不灵便还坐上了轮椅，生活起居皆由一位老保姆护理。他一般上午起床，午后睡上两个小时，下午起床后喜欢上网，在网上漫游两三个小时，寻找自己喜欢的东西看看，累了就闭上眼睛休息一会儿，或者翻翻杂志、看看书。晚上，他还要看看电视、打打电子游戏。逝世前两年，王慈明常常一个人守在电话机旁，等候着身在台湾的姐姐王东明打电话聊天。王慈明很喜欢姐姐，自从1949年姐姐和母亲一起去了台湾，他们只于1987年在香港见过一次面。到了晚年，他更加怀旧思亲，只是由于身体衰弱，行动不便，不可能去台湾看望姐姐了，就希望互相多通电话，在电话里聊聊天了。或许是受王国维的遗传，王慈明记性特别好，九十多岁时，IP电话卡上的十六位数字，他还能一口气背出来。

在成都低调生活了五十年，除了组织上少数人知道他父亲是王国维，他从没有向其他人提起过自己与父亲王国维的事，就连子女也所知甚少。小女儿王令尔直到"文化大革命"期间，才得知自己的爷爷是王国维。20世纪90年代，一个研究王国维的国际组织在上海召开王国维学术研讨会，王慈明受邀参加了一次，那也是他参加的唯一的一次有关父亲的学术研讨会。他虽然为父亲的成就感到骄傲，但是他绝不想沾父亲的光，凭自己的能力立足于社会是父亲对子女的希望，也是他的原则之一。他从没有为父亲的名气所困，更没有为追逐个人的名利所累，一辈子默默为国家的工业化建设勤勤恳恳工作、奔走，把自己的智慧全部献给了祖国和人民，他的人生恬淡而充实。

"燕子"从桃蹊飞向世界

　　2006年，在世界著名的"澳网"赛季中，四川籍女运动员郑洁与晏紫赢得女子双打比赛冠军，这一消息传到成都成华区桃蹊路，引起了不小的震动。由于晏紫与"燕子"同音，往日的叔叔阿姨都爱叫她小燕子。现在听说小燕子拿到了"澳网"冠军，禁不住自豪地说，"我们的燕子从桃蹊飞向世界了！"

　　晏紫1984年出生在成都量具刃具厂，小时候就读于该厂子弟学校，她父亲是"成量"工会干部晏长明。晏紫在小学时就表现出了很高的体育天赋，1990年，她才六岁即开始跟蔡洪玲教练学习打网球。十四岁时，晏紫被选入四川省网球队，在教练陈裕文的教导下，接受专业的网球训练。由于她的成绩突出，有很好的发展前景，1999年1月被选拔赴美国尼克网球学校学习。经过六个月训练后，晏紫从美国归来，2000年就代表国家青年队参加"世青杯"网球比赛。在比赛中的出色表现让她再次受到命运女神的青睐，2001年晏紫被选调进入国家集训队，在教练陈莉、王良佐的指导下，开始了向网球世界的高峰攀登。晏紫一步一个脚印，通过自己的努力，征服了一个又一个山峰，夺得了一个又一个胜利，获得了一次又一次荣誉。

　　在较长一段时间的世界网球双打比赛中，晏紫与郑洁联袂搭档，代表中国队出征世界各大重要的网球比赛，两个人的名字已经紧紧联系在了一起，她们怀揣着中国球迷的希望飞遍世界各大网球赛场，成为家喻户晓的网球明星。晏紫与郑洁在2005赛季就已经展现了出众的双打实力，她们在巴厘岛和北京闯进决赛，在霍巴特和海德拉巴站收获冠军，2006"澳网"赛季开战之前，她们的排名已经足够帮助自己拿到12号种子的席位。她们在前两轮淘汰两对非种子组合之后，又连续击败了四对种子组合，与头号种子雷蒙德、斯托瑟会师决赛。决赛开始一段时间呈现出一边倒的局势，斯托瑟现象级的发球和雷蒙德完美的截击帮助她们暂时领先，但郑洁、晏紫随后恢复了回球和穿越的状态，化解两个赛点之后顽强将比赛拖入决胜盘。扭转局势的郑洁、晏紫在第三盘一鼓作气，最终拿到了首座大满贯冠军。这也是中国网球历史上的首座大满贯奖杯。该赛事在电视上转播时，晏紫在成都的父母、亲友和在成量子弟小学一起读过书的同学、玩伴都高兴得欢呼雀跃、彻夜难眠。

晏紫为底线型选手，但技术全面，心理素质好，场上移动较快，同时，有机会时敢于上网，是国内极具潜力的年轻运动员。在2006年的温网大赛中晏紫与郑洁一起荣获女双冠军。次年8月所进行的WTA一级赛事罗杰斯杯的比赛中，在接连战胜伊万诺维奇、达尼利都和巴托丽后，晏紫闯入女单四强，追平了彭帅和李娜此前在一级赛中的最佳战绩。2008年举办的WTA三级赛黄金海岸赛中，郑洁、晏紫荣获女双亚军，2008年在澳网比赛中她们又获女双四强，同年WTA三级赛黄金海岸赛中获女双亚军，同年WTA二级赛悉尼站中郑洁与晏紫荣获女双冠军。在2008年8月17日北京奥运会中，晏紫与郑洁一起夺得网球赛女双季军。在晏紫的职业生涯中，共拿到了17座WTA的双打冠军奖杯。

　　晏紫的父亲晏长明虽然为自己女儿取得的成绩感到自豪，但他并没有因女儿的成功而改变自己的生活，依旧过着普通人的生活。晏长明自从进入成都量具刃具厂就没有换过工作单位，一直在工会勤勉地、踏踏实实地工作，为职工群众热情服务。他十分热爱自己的工厂，他深知女儿取得的成绩不仅是她自己的光荣、更是国家的光荣、省市的光荣，也是成都量具刃具厂的光荣。

　　男大当婚、女大当嫁，不知不觉间晏紫已到了谈婚论嫁的年龄。2009年12月23日，晏紫与深圳市龙岗区政协委员、深圳市外商协会副会长、信义玻璃控股有限公司执行董事李圣根在深圳举行隆重婚礼。这场婚礼与李圣根祖母的八十寿辰都以"喜事简办"为主，把节省下来的一千多万元捐献给了公益事业，体现出了晏紫与李圣根高度的社会责任感和浓浓的爱心。

藏龙卧虎地 一厂三"名家"

一个数千人的大厂，出一两个文艺人才并不奇怪，但是，如果说一个工厂连续走出三四个名家来，就有点让人惊讶了。"成量"就是这样一个厂，从那里不仅走出了一位世界网球双打冠军晏紫，还走出了著名书法家陈无垢、书画家唐济民、书画家田明珍等，真可谓是藏龙卧虎之地。现在，就让我们先认识一下著名书法家陈无垢吧。

陈无垢（1901—1990）出生于内江市市中区凌家场，是我国现代著名书法家，曾为中国书法家协会会员，四川书法家协会理事，四川省文史研究馆特约馆员。陈无垢自幼好读书，更喜书法，学书从颜楷入手，继学汉魏六朝及"二王"行草，后专攻草书，取法张旭、怀素诸家，所作笔势放纵，跌宕多姿，劲健洒脱。十八岁时，他离开内江贫寒的农家，经人介绍去了自贡，先后在富商豪绅出入聚集的盐行、钱庄和银行做事。大概是有鉴于"近朱者赤近墨者黑"的古训，到自贡后不久，他便将自己的名字改为"戒予"。"戒予"出自《论语》："君子有三戒：少之时，血气未定，戒之在色；及其壮也，血气方刚，戒之在斗；及其老也，血气既衰，戒之在得。"戒予之意就是经常以上述"三戒"告诫自己。后来他以书法名世，署名无垢。早年与同乡的张大千、公孙长子、余燮阳等人交往切磋书艺，曾任教于四川成都东方文教学院。陈无垢先生喜好诗词，一生孜孜不倦，至今遗存可见百余首。

陈无垢在大革命时期曾加入中国共产党，参加反军阀反压迫斗争。抗战中积极参加抗日宣传和筹款工作，支援前线抗战与救济难民。中华人民共和国成立后，他进入成都量具刃具厂工作，职务是厂招待所一名普通管理员，他甘于平凡淡泊，始终保持乐观态度，以"无垢"为自己恪守的人生境界。1963年开展学习雷锋活动时，他曾撰写"不忘大我忘小我；出自平凡见不凡"对联，积极宣传雷锋精神。20世纪的60年代中期与陈子庄朝夕过从，深研翰墨。陈无垢身居都市，但一直默默无闻地耕耘砚田，直到20世纪80年代，他状如行云流水的草书频频出现在国内外大展上，才让更多的人知道这位蜀中草书"圣手"。

陈无垢书法在结体和章法上探索横式的舒展，若太空云卷云舒，被著名书法家沈作常称之为"太空体"。他的书法既有继承，更有创新，他在1985年写的《自我简介》中称："幼喜书法，初学颜继学汉魏及二王行草，六二年始专学颠素草书，八三以后于书法有所省悟，思取法自然，脱去古人窠臼。"他在《山行有省》诗中吟道："真美贵自然，濡毫思所务。书法有余师，婆娑石边树。""师法自然"，是陈无垢多年从事书法艺术的经验和感悟，由此也可见他学书的轨迹和心路。在他毕生的不懈追求下，其书法艺术达到了所处时代的高峰，在中国书法艺术史上留下了自己的墨迹。

陈无垢不仅艺术精湛，人品也如其名"无垢"一样，恪守高洁。他的儿子陈已达回忆道："父亲其名如此，其人如何呢？他在自贡栖身谋生近三十年，存身于人多瞒心昧己而不愧不怍的环境，四周是金帛珠玉的诱惑，灯红酒绿的浸淫，犬马声色的挑引，他都始终未忘自己的名之所戒，而以'多文为富'自勉自励。在此期间，尽管职务、地位和名望有了很大的变化，也曾多次有过暴富的条件和机会，他都没有见利忘义、逐物意移而自辱其名，以致生活时有窘迫困顿。后来，受佛学家王恩洋先生之邀，父亲离开自贡赴成都时，竟是两袖清风，一箱换洗衣物和书籍！"①

　　在三年困难时期，陈无垢正在成都量具刃具厂招待所当管理员，向客人出售食堂饭票。那时，陈无垢的儿子正是长身体的年龄，每天那点粮咋能吃饱，整天都是饥肠辘辘。一天，他看见父亲清点钱粮后多出了几两粮票，便要父亲给他，却被父亲一口拒绝，还遭训斥了一顿。过了不久，儿子又发现父亲经手的饭票，食堂并没有记账，只让父亲签字，卖出多少、交回多少全凭他的良心和觉悟，觉得这里面有空子可钻。于是他又向父亲提出要点粮票，没想到又被父亲严词拒绝了。他儿子嘟囔了一句："反正又没记账，哪个会知道？"陈无垢一听，声色俱厉地说："不知道就该做吗？！"每天经手成摞的粮票却能做到分毫不沾，如果不是他险些因严重营养不良饿死，可能谁也不会相信。后来，他因全身重度浮肿住进医院救治，尽管九死一生，却并未后悔自己的做法，其冰清玉洁的品行，至今令人敬佩！②

　　陈无垢一生有许多弟子，他在传授书艺中更重视对他们人品的潜移默化，弟子们今天多已卓然成家，而同厂的田明珍就是他的得意门生之一。

---

① 陈已达：《戒予无垢——父亲陈无垢二三事》，《文史杂志》2003年第6期。
② 同上。

　　田明珍，字莘野，著名书画家。1938年出生于四川省射洪县朱婆沟。大专学历，1956年进入成都量具刃具厂，曾任厂办秘书。长期师从名书法家陈无垢、著名国画家陈子庄，主攻书画。已出版《龙泉风韵》《田明珍书画选》等个人作品专集，入选《中国当代书画家大辞典》等。现为重庆市陈子庄艺术研究会研究员，四川省书法家协会会员、四川省美术家协会会员。现任电子科技大学兼职教授，成华区书法家、美术家协会副主席。

　　田明珍先生从小喜爱书画，进入成都量具刃具厂后，有幸结识同在一厂工作的书法家陈无垢，得到陈无垢的赏识和指点。陈无垢成了田明珍书法上的老师。之后田明珍又拜画家陈子庄为师，学习国画。陈无垢的儿子陈已达回忆道："结识画家田明珍先生，是在20世纪

▶ 田明珍　向运江摄

50年代末60年代初。父亲陈无垢酷爱书法，因所居房靠近道路，余暇时常临窗练字，此举被见者多视为怪异。那时，我也在成都量具刃具厂工作，一次观赏该厂职工画展，田先生不同于人的画作，给我留下了颇深印象，遂在与父亲闲谈时，提及田先生其人其画。父亲听了，当即对我说，田明珍窗前路过，见他写字，遂前来与他见过面，有时也来坐坐谈谈。父亲说，其人有天资，人品好，以后定会有所成。"

田明珍书法师从陈无垢，国画师从陈子庄，名师手下出高徒，多年以后，田明珍已然成了卓有成就的知名书画家。田明珍的书画虽然早年师从两位大师，但近年书画作品，已与其师迥异其趣，另具特色，形成了自己的独特风格，其笔墨挥洒之处，渐渐淡出了两位老师的影子。

田明珍的与人不同之处，还表现在他对人生价值的取向上。当今，在许多人都热衷于取得公务员身份，甚至为此绞尽脑汁，削尖脑袋，不顾人格，投机钻营的情况下，早就做过"成量"厂办秘书的他，却主动放弃组织升调他到政府任职的安排，自愿要求去厂子弟学校做一名美术老师。这个意外选择着实令很多人不解，但其师陈无垢对弟子此举十分赞赏。在应田明珍之请，为其取笔名时，陈无垢联想到了商汤时期的贤相伊尹，其人不慕为官，在汤王"三聘"始往辅佐之前，曾躬耕于莘之野，遂为田先生取笔名为"莘野"。老师的赏识瞩望，让田明珍倍觉温暖。

和他做人一样，田明珍作画，不事矫揉造作以掩藏真我，或者用夸张的笔墨色彩吸引观众眼球，而是以简胜繁、以一当十、以少胜多，"觉来落笔不经意，神妙独到秋毫颠"。于看似随意之中，让人感悟到意蕴情味，让人受到真善美的陶冶。

　　唐济民（1927—2015）是从"成量"走出的第三位书画家。他也是陈子庄的弟子，与田明珍是师兄弟关系。唐济民1927年出生于四川泸县，字师放，号江阳布衣。自幼生长于农村，与山山水水结下了不解之缘，酷爱诗书画。1956年他进入"成量"工具研究所从事园林工作，退休后被返聘到四川省机关事务管理局从事培养花工的工作，绘画可以说是他在工作之外的业余爱好。

▶ 唐济民　向运江摄

　　1972年，唐济民经田明珍引荐，拜在国画大师陈子庄门下，成为陈子庄的入室弟子。唐济民本号"思放"，因其喜好陆放翁，陈子庄为其改为"师放"，有师放翁的意思。唐济民初学花卉后攻山水，常跟随老师到野外写生，领略自然之美；其画追求田园幽趣、平淡简远，寄托单纯恬静的情感；在开开心心干好自己园林工作外，以灵台独行、噪欲无为的心境用诗画来陶情冶性。在陈子庄入室弟子中，唐济民年龄最大，陈子庄并没有把他当作弟子看待，更多的是将其作为朋友，两人相处甚是投缘。陈子庄常来量具刃具厂找唐济民聊天，甚至同在一个宿舍里小住，彻夜畅谈，兴来挥毫泼墨，题诗作画，兴尽方休。

在陈子庄生前，唐济民作画并不多，陈子庄也没有像对待其他年轻弟子一样严格要求他，他真正开始正规画画，还是在陈子庄过世之后。他跟随陈子庄十余年，一直在老师身边，经常观摩老师画画、聆听老师论画，耳濡目染，因此对绘画有很深的理解，竟也能得其真传，在不经意间，进入了艺术佳境。他的绘画下笔自由敦厚，墨色洁净，看似平淡，内涵幽微；构图随意而变化多样，朴实而机趣盎然。他生活在自己的世界里，研山看水，无忧无惧，自得其乐。

唐济民自从成为陈子庄的入室弟子后，一生追随，过从甚密，他对陈子庄的尊重，堪为后辈楷模。这里有一个故事：20世纪七八十年代，成都街上流行一种叫"炒耳朵"的偏斗自行车，就是在自行车后轮旁再安装一个车斗、一个轮子，平时可以收起来，用时放下坐人，有的人还用来搭客挣钱。为了解决老师陈子庄的出行问题，唐济民改装了这种车。当年，陈子庄经常要外出写生，可交通又不像现在这样方便，他也不会骑车。开始，唐济民用自行车搭他，陈子庄坐在后架上，颤颤巍巍，唐济民总觉得不稳当。之后，他就动了很多脑筋，受到三轮摩托车的启发，终于想出了在自行车旁加装一个偏斗的办法。方案想好后，他便找了一个师傅帮忙，在自己的自行车上进行改装，试了试后觉得不错，也比较舒适安全。之后，陈子庄的出行几乎全用这辆"专车"接送，包括在成都周边郊县写生、上医院看病等。这辆车几乎成了陈子庄的"专车"，一用就是好几年，直到陈子庄去世。

唐济民淡泊名利，不事张扬，虽有名师，却从不以此为炫耀的资本，这跟那些本与陈子庄无甚瓜葛却要费尽心机攀附的人形成了鲜明对比。唐济民曾藏有大量老师赠送的作品，在陈子庄去世后，他便将老师赠予的大多数书画送给了陈子庄的后人，自己仅留下少量作品作为研究和学习用。为了弘扬陈子庄的书画艺术，他不惜把仅存的陈子庄书画作品借给别人，以供人研究、学习、展览，最后竟一幅都没收回来，他也毫无怨言。每每回忆起与恩师相处的日子，怀念和敬仰之情便会在他心中油然而生。他在家立下规矩，每逢清明、中元、中秋、春节拜祭先祖前，唐济民总要率全家人首先在老师的遗像前焚香祭拜。唐济民去世后，他的儿子唐兴文、儿媳妇冯光琼依然遵照父亲的遗嘱，每年在那几个节日照常祭拜师祖，已然成了唐家的传统。

据唐先生的弟子向运江先生回忆："先生对名利的淡泊是发自骨子里的。当时的省委副书记杨超就住在四川省机关事务管理局内，独门独院，他经常到杨超院子里去打理花草，杨书记也经常到他的陋室里小坐，他们之间很是融洽。有一天下午杨书记来，我刚好在，我把茶给杨书记沏好，就坐在一旁听他们聊天。原来是成立四川省诗书画院的事情，他让唐先生帮忙做一些相关工作，他们谈了很久，直到要晚饭了杨书记才离开。从他俩的谈话中，我知道了当时有许多画家都在走杨书记的关系，想进诗书画院，唐先生要进诗书画院，是比较容易的事，然而唐先生却谢绝了杨书记的邀请，他说喜欢清静，我当时有点不可思议，觉得老师怎么那么傻，后来，我才慢慢明白了，这正是先生特立独行之处，是传统中国文人的骨气所在。"①

　　1987年，应安徽画廊邀请在合肥市举办"石壶暨门人唐济民、田明珍、罗巨白画展"。2017年12月10日，为纪念唐济民诞辰九十周年，由《荣宝斋》杂志社、成华区文联等数家单位联办的《止观·隐——唐济民先生九十诞辰纪念书画展》在福宝美术馆隆重开幕。同年，四川美术出版社出版了由其弟子向运江主编的《师放书画集》。

---

① 向运江：《我的老师唐济民》。

百年华西落户桃蹊路

　　来到八里小区双建南巷，远远地就能望见华西中学校门外墙上的一幅幅校史图片，百年的足迹让人深深感受到了该校历史的厚重，从这里走出的名家和杰出人士更是浩若繁星。

　　华西中学，是一座创建于1908年的世纪名校，它的前身是"华西协合中学堂""华西协合中学校"。而说到她就不能不提到"华西协合大学"（即后来的华西医科大学、现在的四川大学华西医学中心），这两所学校虽说一个是大学、一个是中学，但它们却是双胞胎兄弟，不仅同时"孕育"，"诞生"时间也相差无几，而且，它们都"出生"在成都华西坝。

　　成都华西坝分前坝和后坝，前坝是华西协合大学的校园，简称"华大"，成立于1910年。后坝是华西协合高级中学的校园，简称"协中"，成立于1908年。1952年，高琦中学与华西协合中学合并，组建了成都市第十三中学，迁至成都市青龙街。2000年，为落实成都市委、市政府关于城市向东、向南发展和构建三环教育带的战略，学校迁建至成都东北角的成华区八里小区，并更名为"成都华西中学"。搬迁之后学校迎来了崭新的发展时期，校园面积扩大数倍，教学设施全面更新换代，但是老华西协合中学的传统并没有变，依然学风浓郁、重视科学、提倡体育。经历了百年风雨的华西中学，现在已经成为电子科技大学附中，正以全新的姿态迈向下一个百年。

迎着风雨　穿越百年

据成都档案馆藏《华西协合中学校二十五年纪念刊》记载："前清光绪末年，基督教会，在成都开办之中级学堂，为落虹桥华英，文庙西街华美，青龙街广益三处，嗣以各学堂之组织，未能画一，又兼省外所办之教会学堂，毕业学生，升学困难，遂在成都省城南门外南台寺侧，购地百余亩，建筑房舍，开办一华西高等预备学堂，旋照部章，更名为华西协合中学堂。""民国"以后学校改名为"华西协合中学校"。简约的文字，虽道出了建校的原委，但真正建校，却不像文字记述那么简单。

鸦片战争以后，中国的门户被西方列强打开。1890年前后，一大批来自英、美、加三国的新教志愿者被他们各自的"差会"（教会派出机构）派到四川工作。他们沿长江而上，沿途选点建站，购地盖房或买房建福音堂、建小学校，以布道和办教育的方式传播西方的文化和价值观。为了保障这些志愿者的健康，他们在每个传教点上都配备一位医学传教士（教会医师）作为保健医生。

1891年，一大批新教志愿者来到成都，他们先在四圣祠北街买房住下，接着便在该处及陕西街、青龙街、暑袜街、上翔街等处建立福音堂开始传教。当时，成都老百姓对这些突然拥来的白皮肤、黄头发、蓝眼睛的外国人既好奇、又害怕，不知他们究竟来成都干啥。见他们从街上过既想看稀奇、又不敢接近，只能躲得远远地偷看。传教士们想尽办法、动员人们去听他们传教、布道，但敢去的人并不多，大部分人都以为洋人没安好心。教士们看到这种情形，就开始动脑筋想办法。当时中国人生活贫困、医疗条件很差，很多人看不起病，于是，他们就叫那些整日无事可干的保健医生给成都人免费看病，以博得老百姓的好感。这种做法果然收到很好的效果，当邻近的居民知道他们看病不收钱时，一些病人便开始大着胆子去找这些洋医生看病。随着时间的推移，看病的人越来越多，人们对洋人的恐惧感消失了，这些身兼传教任务的洋医生也替教会拉来了不少信徒，教会的影响日益扩大。教士们觉得这种办法很有效，为了吸引更多群众信教，他们陆续把原来的诊所、药房扩大为医院。随着上门求诊的人越来越多，现有的医生已经无法满足病人的需要，教士就向国内的派出教会提出申请，要求尽快增派更多的医学传教士前来支援。虽然又派来了不少医学传教士，但是仍不能满足需要。

为了从根本上解决问题，几个"差会"经反复研究，打算在成都创办一所综合大学来培养中国医生。他们一边向自己的母会写申办报告，一边制定创办大学的计划。这个计划是1904年由在成都的英、美、加三国的四个新教差会联合拟定，并上报他们设在纽约的顾问部（托事部）审批。1905年4月29日，该计划获得批准。同年11月，顾问部决定成立"华西协合大学临时管理部"负责筹建工作。为了能招收到质量合格的中学毕业生，同时还决定于1908年开办一所附属于"华西协合大学"的中学，一旦该计划被批准，便首先安排附属高中开学招生。因为清政府于1906年才废除科举制、改办新学堂，各地教会所办的学校均以小学为主、初中也不多。为了给华西协合大学准备生源，这所高中于"华大"开学前两年，即1908年就正式成立并于1909年开学了，比"华西协合大学"的诞生（1910年10月6日）还早一年。当时的校名是"华西高级预备学堂"，实际上还是一所初中。教师和办公室都设在临时修建于后来的五教学楼和办公楼后面的中式结构的房屋内。直到1916年由施卡蒂尔古夫人捐资修建的二楼一底、灰砖黑瓦木地板的办公教学楼建成后才搬迁过去。为了纪念这位捐款人，还曾把校名改为"施卡蒂尔古夫人纪念高级中学"。此楼至今仍保存完好，已作为四川省教育学院的办公楼。

▲ 华西协合中学旧貌

　　不久后，按当时教育部门的规定又将校名改为"华西协合中学堂"，又称"华西协合大学附属中学"。1925年4月学校奉教育部令，更名为"华西协合中学校"。1927年下期，初中改行新制三年，又增办高中，设文、理、师范及稍后增加的农科共四个中专科。至1932年又将此四科合并为普通科。1933年下期停办初中。1935年，又向教育部备案，将校名改为"私立华西协合高级中学"。

　　由于学校是由教会创办，学校的校长也由教会推举，首任校长是英国人陶维新，两年后改由加拿大人罗成锦和美国人沈克莹继任。1914年开始才由中国人杨少荃先生担任校长。据《华西协合中学校二十五年纪念刊》记载："惟其时主校者，为西国人士，风俗习惯，多与中国人不合，易生龃龉，至民国三年（1914），始延请

▲ 第一任校长陶维斯［英］

▲ 第一任华人校长杨少荃

杨少荃（字开甲）先生，来长斯校。"毕竟，中国人的学校还得由中国人自己来管理，杨少荃就这样成了这所洋人创办的学校的第一位华人校长。

　　杨少荃先生籍贯湖北省，毕业于英国伯明翰大学，较早接受西方先进的文化理念，对四川的邮政事业、教育事业都做出过杰出贡献，在四川保路运动中他也是一个急先锋。辛亥革命后，他还担任过四川

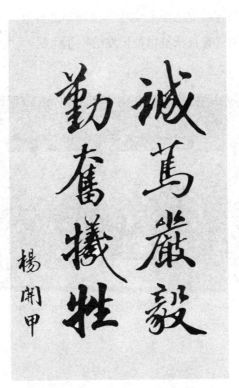

▲ 华西中学首任华人校长杨少荃所题校训

尹都督军政府的外交司长，可谓一个风云人物。据他的孙子讲，当时在街上都是外国人坐着洋车耀武扬威，而杨少荃却是坐在洋车上，让老外跟班紧随在车后跑。

杨少荃做了校长以后发现，"惟学制虽照章四年，而学校未经政府立案，学生升学之际，颇多障碍"。"杨校长遂于是年五月，呈请四川巡按使公署备案，民国七年七月，始由四川省省长杨沧白查明管教及组织，尚属合格，准予立案，由是在校各生，遂次第升学无阻，毕业之后，得与官公立之毕业学生，受同等之待遇，是年本校学生毕业时，即由四川省省长杨沧白莅校发给毕业凭照。"①

▲ 清宣统二年（1910）华西协合中学师生第一次合影

———————————
① 据《华西协合中学校二十五年纪念刊》。

华西协合高级中学的校园位于华西协合大学校园以南的一大片土地上，与大学紧密相连，一般称大学部分叫华西前坝，称高中部分为华西后坝。教学办公楼位于后坝的西边，坐西向东。后坝的北边是大学外籍教师及校长的住宅。东、南两边紧邻交角处，各有两栋呈四方形、大小不等的两层砖木结构的楼房，中心是个带小花园的学生宿舍。宿舍的大门都开向校内，配有一位长住老工人。每个宿舍的名称不同，各用其主管差会的中译名称呼之。按由东转向南的顺序分别以育德、华英、华美、明德命名。此外，在教学办公楼的后面还有一幢礼堂。这个礼堂是由重庆的刘泽仁先生捐资修建的。教学办公楼和礼

▶ 华西协合中学早年的校徽

堂之间还有一个空坝子可供全校师生每天升旗及开朝会用。东、南、西、北四方之间是一个绿草如茵的足球场以及环形跑道，供体育课及体育比赛用。华英与华美宿舍之间的小路两侧及教学办公楼的南边还有几座中式住房，供住校教师使用。

　　住校生实际上是由住舍学生自治会成员管理，住舍学生自治会每学期由住舍学生改选一次，学生有问题和困难由自治会向舍监老师反映。自治会主要管理学生的膳食问题。每月的粮食（大米）和燃煤、食油及调料一次购进，蔬菜和肉食均由自治会分管膳食的同学监督，他们还验收厨工提出的账目，每月结算一次，并书面公布详细收支细账。宿舍门口由一位老工人守护并兼管收发及舍内环境卫生。室内清洁由住舍学生按日轮流担任。

　　华西协合高级中学当时的规模并不大，最初每年只招三十名学生。此后逐年增加，到20世纪30年代，每年秋季招两个班、春季招一个班，每班也只有三十名至四十名学生。学校只招男生，基督教徒与非教徒学生都招，非教徒学生占绝大多数。

　　"协中"重视学生的文化、科学和品德教育，重视启发学生的自觉性，尊重学生的个人爱好。学校在管理上较宽松，没有围墙，北边紧挨华西协合大学，东、南、西三方都被农村围绕，往西跳过一条小溪再往西北方不远便是老南门，往西南可到洗面桥、武侯祠，往东直通新南门及四川大学，往北穿过一条约五十米长的小道即进入前坝华西协合大学校园，往南沿华英宿舍前的小路可到"洋坟"（几位已故来蓉传教士的墓地）及"青春岛"，四周可以休闲散步的地方很多，但却很少看到有学生在外面游玩溜达，他们学习都很勤奋，无故缺课的情况很少。晚上7点—10点钟是晚自习时间，整个校园一片寂静，但是，下晚自习后的半小时内，小提琴声、二胡声、口琴声、甚至歌声此起彼伏，半小时后便又复归平静，因为又到了睡眠时间。早晨6点，学校从睡梦中醒来，学生们匆匆走出寝室，有的人晨读、有的人练习跑步，校园内洋溢着一派朝气蓬勃的景象。

英国人陶维斯任华西协中校长时，将足球运动带进了华西坝。在华西坝上，足球成为第一运动。后坝的华西协中有足球场，常年绿草如茵，很多同学都喜欢踢球，协中的足球运动也发展起来，水平也很高，在当时成都的各中学里无人能敌。学校曾培养出一批批优秀中学生运动员，仅14班就有两名同学经常加盟"华大"代表队，一位是踢后卫的刘敦义，因为他体型较矮而粗壮结实，被同学们戏称为"土坦克"，另一位是踢前锋的陈忠猷。

说到协合中学还不能不提到私立高琦初级中学校，因为该校不仅也与华西协合大学有血缘关系，而且后来还与华西协合中学合并，成了后来的十三中。高琦初中是1918年由华西协合大学各教会设在美国纽约的校董会（托事部）主席高琦博士捐资创办的，故以其名作为该中学的校名。原校地址位于城南国学巷北口正对面小天竺街的地界上。该校规模不大，每年只招三十名学生，且只招男生。因教学用房延期建成，开学行课时间推迟到1925年。首任校长为刘之介（华大教育系毕业，美国芝加哥大学教育系硕士）。1931年后该校改为华西协合大学教育系的附属中学，作为该系学生教学实习的学校。此时学校已有一幢两层西式楼房和一幢平房；一幢两层中式楼房和一幢平房，占地约三亩。

该学校重视体育运动，每周都会举行一次各年级的大小球类比赛。那时的学生年龄均偏大，除四川的学生外，还有来自云南昭通、甘肃武都以及西康雅安的同学。爱好篮球的同学比较多，喜欢音乐的也不少。其中有一位苗族的同学，名叫杨明清，喜欢把胡豆叶或某种树叶放在唇间吹出优美的曲调，令人称奇。

学生的伙食由学生代表参与管理，清洁卫生、生活秩序由学生会组织安排。校门口每天都有几个贫困家庭的妇女守候在那里，等着收同学们的脏衣服，包洗、包送，收费也少，同学们有脏衣服都愿意送给她们洗。住校生就住在临街几间铺面的楼上，条件较差。那时，夜间照明还用油灯，为防失火每晚摇睡觉铃后，老师总要每个房间巡视一遍，看看灯是否都吹灭了。大约在20世纪30年代初，校内曾失过火，除食堂、厨房及临街的几间学生宿舍外，其他房屋都被烧光了，所幸无人伤亡。之后，学校不得不把学生安排到"华大"教育系的教室里上课。

1936年秋，在现在大学路东头，正对大学宁村宿舍的龙江路小学的那块地皮上，由高琦博士的女婿贾卜满先生捐资重建了新高琦中学，全部学生及部分老师才迁入新校区。新建筑是一座砖木结构的人字形青瓦洋楼，集教学、办公、礼堂、教室、饭厅于一体。校长由来自雅安的杨立之担任，他当时也住在这座楼内。负责教务的易铁夫老师像母鸡爱小鸡那样十分关怀爱护学生，在教学上总是对学生循循善诱，尽力调动学生的积极性主动性。他是一位受到学生尊敬爱戴的好老师。在完成教学计划的同时，他还通过学生自治会，组织学生上街参加抗日救国的宣传活动，如教唱抗日歌曲、表演抗日短剧和参加抗日募捐等。每年春节假期还组织学生参加近郊或远郊春游，以扩大学生视野、了解社会现状、增加学生知识，使学习、生活变得多姿多彩，也让学生们在不知不觉中接受锻炼。

（本节照片均翻拍自今华西中学校门左侧的"校史墙"）

名师云集　开放开明

　　华西协中的规模不大，每年夏季毕业两班，冬季毕业一班；秋季招生两班，春季招生一班。每班三十名，全年在校生二百七十名，多数住校，少数走读，学制三年。这所普普通通的高级中学从1908年到1950年间先后为社会培养了三千多名毕业生，向各高校输送了不少合格的大学生。华西协合大学1914年医学院成立时，连一名合格的高中毕业生都招不到，而不得不把阆中县（保宁府）医院院长李广仁医师自己办的一个助手培训班中的七名学生送来充数，边学习边补课，直到1922年以后才毕业，比规定的学制延长了二年至三年才达到合格标准。自从办起了华西协合中学，华西协合大学再也不用为生源问题发愁了。

　　"协中"校园广阔，学生宿舍分散各处，无法设置围墙，是个真正没有围墙的学校。据说这是效仿英国牛津、剑桥大学的模式。老校友陈达勇在其《协高忆旧》一文中回忆："学校往北经一小桥、过窄巷直达后坝华西中学；西北方向绕公行道通往小天竺街；向南经过种牛场可去青春岛。其余四周都是农田。因此，学生可以自由出入，行人可以任意来去。虽则如此，总的说来校风还是比较好的，无故旷课者也不常见。是什么力量维护了这种校纪呢？个人认为，首先归功于学校对教学管理有方。譬如在教材选择上，除了数理化按当时部定之外，国文课由教师自选内容，英语系用文幼章先生所编直接英语法，史地课任教员大力发挥。师资力量雄厚，如卢剑波、卢剑岑兄弟，杨观国老师，陈翔鹤老师及先后几个外籍教员都给人留下了深刻印象。马识途同志也来短期任过教，还有不少刚从大学毕业来上课的年轻教师也都朝气蓬勃，令人鼓舞。前后几位校长，如吴先忧、王月波及杨德富（立之）也都各有所长，办校有方。其次是绿草如茵的足球场，使学生有足够的活动空间，有利于身心发育。

"以上优势，加上校方对学生管得不死，所以各种课外活动丰富多彩。尽管每天课外作业并不少（平均有数学习题10～15道及少许英语作业），但晚饭前后球场上却异常热闹。此外，阅读各种杂志如《世界知识》、《观察》、《西风》、*Reader's Digest*等的人也极多，不少人自学世界语、集邮、跳健美操或办壁报，也有参加前坝各种团契活动、听学术报告或唱诗班者。不用讲，凡城里有什么好电影，特别是彩色外国文艺片什么的，同学们三五成群在晚餐后疾行进城挤票。看完电影，急匆匆返校再完成当天作业。这全亏宿舍夜间不关灯。但一年级新生住育德宿舍则无此优待，有时还要受舍监点名之严格管理。后来听人说这种办校作风，是受蔡元培先生主事旧北京大学的影响，是否如此，无从考证。总之，协高的课外活动是多样的，特别是足球水平是一流的，同时也是当年其他学校学生所羡慕的。

"校园虽大，教学楼却只有一栋一楼一底的青砖建筑，楼内几乎全部是教室，办公室只有处于楼梯拐角处的几个小间。所设课程，除按当时部定国文、英文、数理化、史地、生物及音体美以外，尚有教会学校所特有的伦理学。至于军训课则名存实亡。以上除数理化、英文被学生所重视外，其余均视为'豆芽课'敷衍过去。以军训为例，记得除初入学时有一次听彭教官集合训话，说什么'军人，要有理服从，无理也服从……'而后，直到毕业前夕，教官才以央求的口气要大家集队到北校场实弹射击打靶一次，哪怕三发不中，也算及格……值得一提的是，由学校牵头也组织一些有意义的活动，如举办演讲会（记得有一次是涉及宗教问题，一位无神论者居然还获得了名次及奖品）。也定期邀请社会名流对学生进行教育。记得有一次由著名性心理专家程玉林教授给全校（均为15—18岁男生）讲有关《手淫是否有害健康》专题。这在当年是讳莫如深的题目。但对青少年确是一种有益的教育。"从上面的记载可见，华西协合的教育理念确实是很超前的，即使现在看来也有借鉴意义。

20世纪40年代的华西坝是五大学（即：华西协合大学、金陵大学、齐鲁大学、金陵女子文理学院、中央大学医学院）的专家教授云集的地方。在"协中"任教的老师，多数是五大学的教授、讲师和成都的著名学者，可以说是得天独厚。"协中"因为是华西协合大学的附属中学，学校里除了有大批的外教上课，还有很多来"华大"任教或讲学的知名学者、教授都曾到华西中学来兼课或讲学，像陈寅恪、陈翔鹤、沈祖芬等知名的大学者都来讲过课。

马识途先生也做过该校的英文教师，他应聘到该校试讲的第一节课就是全用英文讲的。马识途在《在地下》一文中回忆道："一九四六年的九月，我平安地到了成都。工作安排妥了，我要去找我的掩护职业了。我准备拿着张有渔给我的介绍信，去找云从龙。云从龙是加拿大籍的华西大学外国教授、传教士。……他知道我是西南联大外文系毕业的学生，希望给我安排的又是英文教员，便用英文和我交谈起来……交谈一会儿，看样子他还满意，便答应让我到华西协中教高中英语课……华西协中是一个教会学校，对于英语教学素来认真，我必须在教第一堂课时完全讲英语，这是要费一点功夫的。我把教案和要讲的英语，几乎都练习得能背出来，而且要准备回答别人的英语提问。……第二天上午，我准时到校，走进教室我就说：'Good morning!'奇怪，学生们并不用英语回答我'早安'，却呆呆地望着我。我不管了，开始用英语讲了起来。……我讲了一会，果然就看到云从龙从教室后面的门悄悄地进来，悄无声息地坐在最后一排听我讲课。……我到协中教书的紧张的第一天就这么过去了。第二天上午我到学校，在教员休息室里等着上课，和教员们寒暄。教务主任坐在我一旁，小声对我说：'云先生说，学生的反映不错。只是以为有时还是需要夹着中文讲，学生更好懂一些。'"

协合中学一向师资力量雄厚，教师结构优良，队伍齐备。学校的名师除了马识途、陈翔鹤外，还有闻名全市的周（泰金）几何、毛（荣辉）代数、蒋（鼐）三角、杨（先杰）摩尔等。

协合中学48班校友、辽宁大学前校长、博士生导师，第九届全国政协常委刘祁涛在《怀念母校——那所没有围墙的中学》中写道："与生活行为上的自由相对立的是学业上的严格要求和循循善诱的人格培养。任课教师的阵容堪称强大、整齐，并且理科的实验大都在华大相应系科的实验室由大学老师指导进行。许多老师深厚的专业功底，声情并茂的课堂风貌至今仍历历在目。周泰金先生的数学，杨观国先生的物理，张守庸先生和曾篆修先生的化学，刘××的国文，陈锡光先生的历史，还有毛学江先生和贺先生的英语……个个极其认真并富有个性……记得一次在周泰金先生的几何课上，先生在黑板上出了一道难题，让大家互相讨论给出解法和结果。我在回头与后排同学的讨论中受到启发，有了一点想法，猛地回头准备在练习本上试试。这个瞬间的动作，立刻被周先生捉住。他笑着说，我知道刘祁涛有办法了，站起来说说吧。其实，我只是有了个初步思路，并不成熟，但在老师的鼓励下，也大胆说了自己的想法。随后又有其他同学的补充、修正，大家一起完满地做出了答案。课后心情非常舒畅，更大大激发了学习的兴趣。"

"十年树木，百年树人。"华西协中自创办已经一个多世纪了，她虽然经历了协合中学、十三中和华西中学三个阶段，但是"追求进步、崇尚运动、科学严谨、敢于拼搏"的先进办学理念却一直未变，在全校老师和同学的共同努力下，百年以来，学校培养出的人才，已经组成了一片"人才森林"。据不完全的统计，从该校毕业的学生中，迄今为止共走出了四位院士，他们是曾任中国科技大学校长、中国科学院院士的朱清时，中国工程院院士邱蔚六，中国科学院院士陈霖，加拿大皇家科学院院士陈志让。另外，在医学界的专家中，也不乏从"协中"走出去的名人、专家，比如：中国著名胸外科专家杨振华，著名肝胆内科专家、西南肝胆学科开创者岳松龄，著名泌尿科专家、西南泌尿学科开创者邓显昭，著名内科专家肖路嘉，著名老年病专家袁鸿江，以及上面提到的中国工程院院士、中国颌面外科首席专家邱蔚六等。而从事教育事业的"协中"校友也不乏其人，比如中国人民大学原常务副校长谢韬，华西医科大学原校长曹泽毅，北京师范大学原党委书记肖敬若，西南财经大学原校长王裕国（与朱清时是同班同学），还有南京大学校长，辽宁大学校长等。至于从"协中"走向文化界、政治经济界的知名人士就更多了，著名经济学家吴敬链就是其中最著名的一位，还有人民日报社原社长、总编、马克思主义理论家胡绩伟，等等。另外，从该校走出去的体育名人还有：20世纪80年代国家足球队队长朱平，20世纪90年代国家足球队队长马明宇（初85级）、全兴足球队主力何斌（高80级）、中国青年足球队队长兰一（初96级）、国家少年队队员胡丹（初98级），原中国足协技术部主任马克坚、2008年北京奥运会美国国家田径队总领队李黎（高78级）等。该校足球队先后曾有7人入选国家队，这是一个很了不起的成绩。还有更多的同学，毕业后成为社会的普通劳动者，在各行各业中把自己从学校学习到的知识无私奉献给了祖国人民。

　　由于协合中学办学水平高，成效显著，社会影响大，再加上学校得天独厚的地理位置，很多家长总是千方百计地把自己的孩子送到华西协合中学来读书。最有名的有蒋介石毛氏夫人的孙子毛昭著，四川省主席张群的儿子张继忠，还有冯玉祥将军的儿子，邓锡侯将军的儿子，巴金的侄子，宋美龄的侄子等。有不少名人学者是父子两代、甚至是祖孙三代人都毕业于这所学校。

反帝爱国　抗日救亡

华西协合中学虽然是一所由西方人办的教会学校，但却一直具有反帝爱国的光荣传统，师生中洋溢着火热的爱国主义情怀。

1925年5月30日，震惊中外的"五卅惨案"爆发。消息传到成都后，教会学校的学生立刻掀起了退学运动，华西协中积极响应，一百多名学生为抗议帝国主义对中国人民的屠杀毅然退学，表达了对上海工人运动的坚决支持。

1926年下半年，北伐的广东国民革命军在长江流域、江浙战场取得辉煌战果，各帝国主义特别是英帝国主义在中国的势力受到沉重打击。英国政府为巩固其在长江流域的势力，加紧干涉中国革命。1926年9月5日，英舰"嘉禾"号、"威警"号和"柯克捷夫"号迫近万县江岸，开炮轰击万县人口稠密的繁华市区近三个小时，发射炮弹和燃烧弹三百余发，中国军民死伤数以千计，民房商店被毁千余家，造成了"万县惨案"。为抗议英帝国主义的暴行，"协中"学生首先响应"华大"学生的"爱国退学运动"，在商业街商业专门学校内，成立了"华西协合中学校学生退学团"，宣传反帝和鼓动退学，影响所及，不仅使当时成都教会学校中的中、小学生纷纷愤起退学，就连英人雇用的华工也组织起来进行爱国罢工斗争，配合成都市民的对英经济绝交运动，显示了中国人民的尊严。

1931年九一八事变后，华西协合中学生在10月就发起组织了抗日救国大会，积极开展抗日救国宣传活动。1936年9月，北京大学学生、共产党员韩天石和王广义奉命来川发展"中华民族解放先锋队"组织。他们借读于四川大学，同年10月，联合川大和中学的一些左翼学生，成立了"中华民族解放先锋队成都队部"。1937年2月，"协中"学生肖道履（王楫）、肖敬若、张文澄、许存信由韩天石介绍，首批加入"民先"。不久又发展了王泽丰、汤斌祥（汤文）、陈文泽、徐鸿章、张宝麃、洪元桂等十余人。同年3月"协中"成立"民先中队"，张文澄任中队长。1937年"七七"事变后到1938年春，又发展了吴显越、颜瑞生、许存学、罗年治、伍一民、伍光伟、安天泽、赵国柱等，在他们的影响下，一批批好学上进，在政治上要求进步，有爱国热情的同学，纷纷参加他们所组织领导的各种活动。

　　抗日战争全面爆发后，华西协中学生积极参加各种抗日救亡的爱国活动，纷纷走向社会唤起民众的觉悟。1937年底，抗日民族统一战线建立后，中共中央派邹风平、廖志高等由延安来到成都，会同原在成都进行上层统战工作的张曙时，组建了中共四川省工作委员会。同年12月，吸收"协中民先"中队长张文澄为中共党员。1938年2月，由张文澄介绍华大学生沈荫家（沈伯谋）、协中民先队员陈××、许存信三人同时入党，成立了华西坝第一个党小组。至7月底以前，在"协中"还吸收了吴显越、张宝麃、罗年治、徐鸿章、张启钰、伍一民、伍光伟、洪元桂、毛成坤、张××，郑××（以上是三八年暑期毕业班的学生）以及陈文泽、许存学、颜瑞生、许芥煜等为党员。

　　1938年9月，王泽丰（成都十二桥烈士王干青的儿子，1937年4月在"协中"参加"民先"，读抗大四期时入了党）自延安返成都回校复学，组织关系转来"协中"。从北京转入"协中"就学的张育仁，于1939年夏天经金陵大学薛宝鼎介绍入党，组织关系在大学，但参加"协中"的活动。自1938年秋至1939年下半年，"协中"发展的党员还有杨仁政（莘堤），温克勤、同显图、何渊明、张承锡、罗万青、陶根传、曾成杰、李平安、王同新、肖××、潘育群、马跃煦（周来）、柏正宇、杨安全、张定坤等，先后三十七八人。

抗日战争全面爆发后，"协中"先后有四十多位同学投笔从戎，奔赴前线打击日寇。其中乐以琴就是他们当中的杰出代表。

乐以琴，1914年11月11日生于四川省芦山县。1929年，乐以琴在家乡初中毕业后来到成都，就读于华西协合高级中学。在华西协中，乐以琴的体育成绩非常好，是学校有名的田径运动员，还曾代表四川省出席全国运动会。1931年，乐以琴毕业于成都华西协合高级中学，随后考入济南齐鲁大学文理学院。进校不久，就爆发了九一八事

▶ 空军英雄乐以琴

变。乐以琴看到无辜同胞被日军杀害，非常愤怒，渴望从军杀敌。1933年，乐以琴考入了"笕桥中央航空学校"。经过近两年的刻苦学习，1934年12月，乐以琴从航校毕业后被分派到空军第八大队，后又调回中央航校任教官。1936年，中国空军为适应对日空战需要，进行整编，乐以琴调任空军第四大队二十二分队分队长。1937年8月13日，日军进攻上海，爆发了淞沪会战，乐以琴奉命参战。8月15日，乐以琴驾机从笕桥机场起飞迎敌，与日军十八架轰炸机展开空战，击落敌机四架。11月，乐以琴随部参加南京保卫战，在一个月的时间里，先后击落日机八架，荣记一等功，晋升为中尉。乐以琴与高志航、刘粹刚、李桂丹并称为中国"空军四大天王"。1937年12月1日南京保卫战时，中国空军能飞上天的战机已不足二十架。12月3日，中国空军只有乐以琴和董明德两人升空对付数十架日机。面对众多的敌机，乐以琴毫不畏惧，他以娴熟而高超的飞行技巧在敌机中穿梭飞行，诱使两架企图左右夹击他的日机相互碰撞爆炸。激战中，乐以琴的战机中弹，他被迫弃机跳伞。不幸在他落地时头部受重伤牺牲，年仅23岁。乐以琴用年轻的生命实践了生前说过的话："我决以鲜血洒出一道长城，放在祖国江南的天野！"

抗日战争时期，成都也常常遭受日军的空袭，华西协合中学往日的宁静被打破了，学生们一边读书，一边为抗战做出自己的贡献。1939年春季考入华西协合高级中学，就读于16班，1941年冬毕业的方约校友2007年5月在回忆录《记暑期抗日战地服务团的一次活动》中写道："我上高中之初，正是日寇入侵我国最疯狂的时期，也是全民抗战步入高潮，处于艰难危急的时刻。华北、华东、华南，大片河山已相继沦陷，……成都也常遭空袭。无论白天黑夜，上课或是熟睡之际，只要听到空袭警报，须马上奔逃到五六里外的野地深沟躲藏。这叫'跑警报'……

"就是在这样的状态和影响下，我们协中的同学们参加华西坝五大学暑期抗日战地服务团。

"华西坝五所高等学府：华西协合大学、金陵大学、齐鲁大学、金陵女子文理学院、中央大学医学院。这五所大学在1939年暑期组成师生抗日服务团，要到接近前线的战地医院去慰问受伤的战士。因为协中是华西大学的附属中学，所以协中同学也可以报名参加。协中同学随同前往的约数十人。整个服务团的人数有好几百人。我记得我们16班有蒋先明、叶春臻、王开模、周永乐、李开玉等参加了这次活动。15班的杨安全、颜惠生等一些同学也去了。其他各班去的也不少……

"1939年5月底，服务团师生搭乘多辆敞篷卡车从成都华西坝浩浩荡荡出发了。车队沿川陕公路，经过险峻的明月峡，走了好几天，到达陕南边境宁羌（今宁强）。稍事休整，然后服务团人员分成若干分队，分赴城固、褒城、南郑、留坝、西乡等地的战地医院。

"我所在的小分队约二十人，被分配去汉水中游的西乡县。那里有一个临时设立的战地医院，收治从前线护送下来急需抢救的受伤战士。这时日寇正从湖北进攻陕西安康。西乡距离安康估计不过三百多公里，街面冷冷清清的，一所空闲小学校的几间教室，便是小分队人员的住宿地。安扎下来之后，第二天带上药品和慰问物资去战地医院。这个战地医院建在西乡城外，是在旷野搭建起来的几座棚屋，非常简陋；所占面积甚大，房间不少，伤员也多。缺胳膊少腿的，额头上缠着绷带的，卧床呻吟的……

"分队有中央大学医学院高年级的学生陶国泰及华西大学医学院师生多人，每天帮助那里的军医对伤病战士进行治疗。分队有齐鲁大学女生于振玉等人，经常去病房表演文娱节目；有时又在夜间，在广场临时搭起的舞台上，为轻伤战士表演话剧，场面倒也热热闹闹。只要受伤战士笑一笑，我们也就高兴了。分队队员各自分工合作。我的工作主要是去病房为伤残士兵代写家信，有时也端水送药，扶伤助残。从前线送来的受伤军人每天不断。虽是工作紧张忙碌，但感觉愉快。"

在抗日战争的八年里，也即是五大学在华西坝联合办学期间，学生的物质生活虽然艰苦些，但精神生活则更为活跃和充实。为欢送奔赴前线的老同学、迎接刚入学的新同学，学生自治会及各年级或班级学生会组织的送别会、迎新会一个接着一个，在会上同学们争相发表爱国抗战演说，讲者激情澎湃、听者热泪横流。华西协合大学师生组织的文艺、音乐、歌咏及戏剧演出活动对协合中学的学生也很有吸引力。这些活动大都融入抗日内容，感染力强、趣味高雅，增强了学生的爱国意识和综合素质。

反对内战　争取民主

　　抗战胜利后，1946年1月在重庆召开了中国政治协商会议。为庆祝政协会议的成功，2月10日各民主党派与社会各界人士在较场口召开庆祝政协成功大会。会上，国民党特务机关派出打手，打伤李公朴、施复亮、郭沫若、陶行知、章乃器、马寅初和新闻记者等六十余人，制造了"较场口血案"。消息传到成都后，"协中"学生自治会为声讨较场口流血事件的暴行，提出"要民主，反对独裁；要自由，反对迫害；要和平，反对内战"的政治口号，在教学大楼底楼两侧开辟了"民主墙"，给校内同学提供大辩论园地，公开抨击国民党特务机关制造较场口流血事件的暴行。

　　"协中"校内的学生民主运动，引起了国民党当局的注意，反动分子将一些进步团体的负责人写进黑名单，向特务机关告密。告密事件被揭露后，激起同学们的强烈义愤，更多的同学参加了校内三十多个社团组织的活动，学生们公开召开演讲会、时势报告会，出壁报，在民主墙上抨击国民党当局。

　　"协中"的老师中多数人拥护民主革命，反对法西斯专政制度。一部分老师在上课前，喜欢给同学们讲十分钟新闻，抨击当局，深受学生欢迎。

　　陈翔鹤老师是鲁迅的弟子，他教语文不用国民党统编的教材，专门选择鲁迅以及苏联著名作家的文学作品作为教材。他在课前讲十分钟新闻的内容，大多数时间是讲鲁迅的硬骨头精神，用杂文做投枪向专制制度开战。他直言不讳地揭露国民党残酷镇压革命学生的黑暗统治，揭露其屠杀共产党人的种种罪证。因陈老师在学生中的影响较大，特务机关强迫学校缩减他上课的学时。陈老师的课时被缩减后，他又到建国中学任教，照样在讲课前先讲十分钟新闻。国民党特务机关要下毒手暗杀陈老师，中共地下党组织知道这一情报后，通过邓锡侯的部队将陈老师转移到乐山隐蔽。陈老师离开"协中"前，以民盟中央监委的身份署名，向"协中"同学写了一封公开信，贴在教学大楼墙上，他在信中说："特务头儿们逼我离开协中，望同学们继续战斗，为实现和平、民主、自由、平等的愿望而斗争。"

苏君实老师是成都的名流，曾担任省政府新闻署的要员，知道国民党的内幕较多。他在上语文课前的十分钟所讲的新闻，大多数是内幕秘闻。他说蒋介石回南京以后，许多接收大员侵占公家财产，侵占民房，引起学生和老百姓的不满……苏老师讲这些新闻，让同学们听得津津有味。

1947年浙江大学发生了于子山被暗杀的事件。马识途老师上英语课前，讲述了于子山被特务分子用玻璃划破了喉管，暗杀身死的经过。同学们听了义愤填膺，痛恨特务分子采用残酷手段残害学生的暴行。马识途讲英语课不用国民党统编的英语教材，而是采用一种选编英语教材，对同学们进行劳动创造世界的唯物主义思想教育。

1948年4月，老牌军阀王陵基调任四川省政府主席兼四川省保安司令、四川省军管区司令后，便对四川大学学生狠下毒手，制造了"四九"惨案。王陵基雅号"王灵官"，但一般人都叫他"王老方"，是个"铁杆北洋"，曾两次剿共。他上台后，便根据特务机关提供的情报，认为华西协中是川西地下党的策源地，准备对"协中"下黑手，马识途也被特务注意。马识途觉察到不利情况后，设法摆脱了特务的盯梢，迅速从"协中"转移到西康刘文辉部队，利用刘文辉部队做掩护，继续指挥地下斗争。一位接替马识途讲英语课的老师替他打掩护，故意告诉同学们："马老师在法国驻成都领事馆内教法国人的中文，因患重病，到医院治病去了，因此由我来任课。"以防止因马老师的突然离职引起学生盲动闹事，而暴露地下党组织。

国民党的反动统治引起了越来越多人的不满，连外国教师、传教士都对共产党有所同情，甚至暗中给以帮助。马识途在其回忆录《在地下》中写道："我在这个学校教书时，有时也到云从龙（加拿大籍的华西大学外国教授、传教士）家里去玩。他很客气地接待我，我想这当然不是没有原因的。不过，我绝口不和他谈政治，但是他却偏偏把华西大学里三青团到这个中学来做过什么活动，这个中学里哪个教员是三青团的秘密领导人，以及哪几个学生和三青团有关系的事，暗地里透露给我，我听着就是了，也不说什么。到了后来，更是熟悉了，他竟把他从外国广播中听到的内战情况告诉我。这却是很重要的。我们后来曾经利用过他家的收音机，给了我们不小的帮助。"马识途与王放办的一张叫XNCR的油印报纸上面的消息，很多就来源于云从龙家的这台收音机。

关于"协中"学生的民主运动，在不少校友的回忆录里都有所记载。老校友谢云乡在其《在国民党法西斯统治下的抗争》一文中写道："一九四七年前后直到解放，我住在红墙巷二十四号方信瑜家。

她是华大地下党员；在协中又接触了一些思想进步的同学。当时由李致、陈先泽组织我们成立了学习小组，有李国荣、方信嘉、刘永清等参加。由方信瑜、李致、陈先泽给我们介绍了一些进步书籍和进步思想，学习讨论，受益不浅。由此奠定了我在协中期间，主动接受党的领导，积极响应各种进步活动，参与同国民党坚决斗争的思想和行动基础。那时，我人很年轻，一心追求进步，疾恶如仇，对国民党反动派实行专制独裁的法西斯统治痛恨到了极点，我自觉参加到革命学生运动中去，初生牛犊不怕虎，总是无所顾忌地冲在前面，凭着自己的性子和激情去干。

"那天我和陶世安、小王等数人正从青春岛游泳回来，走到云从龙家门口，看见学生会主席和总务长共骑一辆自行车去买纸，突然被特务一拥而上，要将他二人抓走。我当时大喊一声：'同学们，特务抓人了！'我们便上前和特务打起来。当时数十名特务围着我们一场混战，幸好有很多同学在球场上，也大喊着冲入战斗，宿舍众多同学也急来加入战斗，我和陶世安、刘永清奋力将二人拉了过来。在混战中，我说'快走'，二人乘机得以脱身。特务落荒而逃，一场混战下来，当时从两名特务手中缴获两颗手榴弹。在大家非常愤怒的情况下，决定成立临时'法庭'，公审两名特务。我是五名'法官'之一，开庭后，开始特务百般抵赖，在我严词诘问下，人证物证俱在，只得低头认罪，并在审问记录上按手印。审问结束后，组织同学们到伪警备司令部示威，要求保证学生安全、严惩抓人特务。当时警备司令严啸虎出来表了态，并答应了各项要求。晚上，方信瑜来看我并说：'我怕你被特务抓去。'又指着迎面走来的一个华大学生告诉我：'要防着这个特务学生。'"

有一次，同学们参加了由大学发起的"反饥饿、反内战"游行示威，返校后正遇上每周规定的"打牙祭"午餐。于是《大中周刊》《新新新闻》别有用心地刊出"反饥饿、打牙祭"。"协中"同学看见此种造谣新闻，非常气愤，学生自治会派出刘文述、张家宽、唐开正三位代表到大中通讯社去质问，要求交代是谁写的造谣新闻。几个特务头目拒不答复提出的质疑。学生自治会主席回校向各班理事联席会汇报谈判无结果，一致决定要进城示威游行，打烂《大中周刊》的报馆。

打报馆这一天，正是星期日，春熙路上人山人海，学生自治会组织全校同学五百多人进城示威游行。一方面声援平津学生开展反饥饿运动；另一方面向市民充分揭露成都中统特务机关"大中通讯社"制造"华西协中反饥饿打牙祭"的谣言，要求交出制造谣言的幕后组织者、指挥者，要他们公开登报声明新闻失真，并赔礼道歉。大中周刊报馆位于春熙路口"智育电影院"的左侧巷道内。游行队伍路过新南门时，许多同学捡卵石装满了裤包。这次游行很有秩序。队伍在进行时，让小同学走前头，挑选了大个子同学走在后面，到目的地之前，突然变换队形，将队伍分成三个梯队，大个子同学调到第一梯队，进入报馆办公室谈判。第二梯队安排在巷内听候调动，小个子同学变成尾队，守住大门。过了一会儿，一个军官跑到报馆大门前喊话，自称他是省政府派来的人。他说："同学们不要打了，有事可以商量。"小同学们跳起来怼道，"我们打的是造谣社，打的是特务报馆，没有你的事，用不着你来管我们。"这个军官丢了脸，就溜走了。后来知道第一梯队进去谈判时，几个特务和警察正在打麻将。他们对同学们提出的要求置之不理，气坏了藏族同学格桑品康，他怀着愤怒的心情，摸出裤包内的大卵石，狠狠地砸在麻将桌子上面，打得麻将四处飞溅。几个特务头儿见势不妙，便采用缓兵之计，借口去找社长来答复，就从后门溜走了。

同学们等了许久，不见人影出来，才知道受了骗。这时总指挥下令：给我打！第一梯队的同学，冲上去打烂电表，捣毁排字房。同学们达到目的后，就调动队伍向《新新新闻》报馆前进。这家报馆位于春熙路孙中山铜像背后。游行队伍开至《新新新闻》报馆门前，报馆立即派人出来要求与学生代表谈判。报馆表示：第一，同意公开登报辟谣；第二，将《华西协中声援平津学生运动告全国同学书》刊载在《新新新闻》上面，向全国各地散发；第三，说明刊载新闻失真，表示赔礼道歉。最终，这次示威游行完全达到了斗争目的。

刘国光是大中通讯社、《大中周刊》的总负责人，成都中统站的特务头子，成都十三家袍哥社的总舵把子。他听到自己的《大中周刊》被"协中"学生捣毁后，大发雷霆，扬言要出动他的特务爪牙和十万兄弟镇压华西协中。他连续印了两期《大中周刊》，在成都各茶房酒店散发，公开宣称"协中"是共产党的策源地，打了他的通讯社和报馆，他要进行报复。学生自治会得到这个消息后，研究对策，进行针锋相对的斗争。

又一个星期天，学生自治会主席刘文述、总务张家宽两人骑上自行车到华西前坝去联系召开校庆会的地点，行至广场的小道上，突然发现一群戴"博士帽"和黑眼镜的人，冲出人行道将他们从自行车上抓下来，不许他们叫喊，便将他们绑架往前坝拖。就在这时，协中的军训教官陈隐阆，从城内回来看见"协中"有两个同学被绑架，就立即跑到华英、华美宿舍呼叫："同学们！同学们！快出来营救被捕的同学！"同学们听到呼喊，很快便跑出来，分两路前往围住抓人的数十名便衣特务，要他们立即放人。多数特务见势不妙溜走了，有三个特务分子仍扭住刘文述、张家宽不放，有几位同学很勇敢，跑上前去将三个特务的手掰开，将刘、张两位同学营救了出来，又反手将三个特务抓住进行拳打脚踢，并抓到学校广场围斗。格桑品康出于气愤，一拳将特务打倒在稻田之中。晚饭后，全校同学押送三个特务到成都警备司令部去请愿，要求严惩凶手。事后才知道刘国光组织了两百名便衣特务，潜入华西坝抓"协中"学生。由于"协中"同学非常团结，他们怕闹出更大的事情，特务们才灰溜溜地撤出了华西坝。

1949年，成都临近解放，社会秩序混乱。学校停课，留校的少数学生集中住宿。华西协中学生第一学舍按华大护校委员会部署，把留校的教职工和家属组织起来"护校"，每晚轮流值班，检查宿舍安全。为防特务或坏人破坏，还备有木棒、石块自卫，终于迎来了解放。

弘扬传统　重建墨池

2015年9月，华西中学在学术演讲厅前新修了一片水池，池身玲珑小巧，圆润灵动，远观很像一方古砚。小池四周绿树婆娑，花香馥郁，显得格外美丽。这处新增的美景，是学校仿照原青龙街十三中旧址上的古墨池的形制，重新修建的"新墨池"。

古墨池，承继先贤大哲之灵韵，曾是成都的一处著名古迹。1953年，华西协合高中正式从华西坝搬迁到青龙街，与私立高琦初级中学校合并，更名为四川省成都市第十三中学校。青龙街校址，正是历史上墨池书院的旧址，而墨池书院则和西汉的大文豪扬雄渊源颇深。

扬雄（前53—18）字子云，西汉蜀郡成都（今四川成都郫都区）人。西汉思想家、文学家，是继司马相如之后西汉最著名的辞赋家，与司马相如并称为西汉文学"双璧"，人称"扬马"。在刘禹锡著名的《陋室铭》中"西蜀子云亭"的西蜀子云即为扬雄。扬雄在成都的故宅又称为"草玄堂"。墨池即为扬雄读书著述时的洗笔池。

成都自西汉文翁首创地方学宫以来，重视教育形成传统，官员莫不以兴建书院、弘扬国学为任职期间重要政绩。成都历史上有几个著名书院，分别是墨池书院、芙蓉书院、锦江书院、潜溪书院和尊经书院。墨池书院与芙蓉书院一墙之隔，两院同在成都市青龙街，共享扬雄洗笔池（墨池）。墨池书院比芙蓉书院历史悠久，是成都人为纪念扬雄而建。

　　明代，成都的子云、少陵、大益、浣花、墨池等书院毁于战火，墨池书院故址改为民宅。清朝康熙年间恢复锦江书院。道光年间，学政聂铣敏捐俸一万两白银，购买墨池故址郑氏私宅三院及空地数亩，重建墨池书院。书院有三大院房舍二百余间，中为书院，左为东园，

▲ 华西中学新址重建的洗墨池　杨传球摄

右为廉泉精舍。墨池书院虽历经元、明、清三代兵火匪患，书院名称却一直未变。

清代咸丰三年（1853），墨池书院一分为二，墙左为墨池，墙右为芙蓉书院。1905年，两院合并改制为成都县立高等小学，1907年改名为成都县立中学。1953年，华西协合中学从华西坝迁入青龙街成都县中旧址，更名为"成都十三中"。

新墨池在华西中学的重建，体现了学校承继弘扬先贤大哲之夙愿，不仅为这所"世纪名校"新添了一处胜景，更反映了华西中学校园文化深厚的历史底蕴和中西合璧的特点。

（本章参考文献：

《华西中学校史》

马识途：《在地下》

邓显昭：《华西协中的创建及其他》

刘祁涛：《那所没有围墙的中学》

陈达勇：《协高忆旧》

颜瑞生、许存信、刘文范、王泽丰、许存学：《华西协合中学抗日救亡运动概况》

方　约：《记暑期抗日战地服务团的一次活动》

谢云乡：《在国民党法西斯统治下的抗争》

孙平章：《华西后坝的风云》）

追寻创业者的足迹

　　新中国建立后，国家大力推行工业化战略，成都受到中央高度重视，被定位为全国八个重点建设的工业城市之一，东郊将建设成为一个以电子、仪表、机械和轻工为主的大型工业区。1952年的春夏之交，建设者们从祖国四面八方会聚成都，来到野草丛生、荒坟遍布、起伏不平的成都东郊，在圣灯寺、猛追湾、跳蹬河、八里庄、二仙桥一带擂响了开发大东郊的战鼓，这片曾无人问津的荒地瞬间变成了热火朝天的建设工地。当时，国家一穷二白，根本没有大型机械施工设备，连挖掘机、推土机、运土石的自卸卡车都没有，在挖掘圣灯寺一大片"皇坟"和建设北路的乱坟坡时，全凭着民工的一双手、一把锹，人挖肩挑，鸡公车推，硬是把荒坡打造成了建厂的地基。

　　就是在这片饱浸劳动者汗水的土地上，东郊建成了一个又一个大工厂，一个现代化的工业区就这样诞生了。桃蹊，见证了东郊工业发展的艰苦而辉煌的岁月，记载着创业者留下的可歌可泣的故事。虽然那些曾享誉全国的大型企业现已一个一个从东郊迁出去了，但是创业者们的脚印却依然深深留在桃蹊，他们艰苦奋斗的故事至今仍然被人们深情传颂……

成都石油总机厂往事

桃蹊路辖区的二仙桥西路5号，是一个老牌的大型国营企业——四川石油管理局成都总机厂的旧址。曾经它的厂房背靠着大片农田，厂大门面向二仙桥西路，紧临旧火车东站，像个哨兵一样守护着东郊工业区的东北边。

成都石油总机厂是1953年从重庆迁到成都的一个老厂，在重庆时，它的原厂名叫"新民机械厂"。1952年，成都石油总机厂在二仙桥的基建工作全面展开，当时这一带是个大坟坝，挖地基时曾挖到了很多无主荒坟。除了遍地的荒坟、灌木和草丛外，还有大大小小的土包包和坑坑洼洼的烂泥坑，像是要故意与人们为难似的，拦在建设者面前。

基建工程是在极其艰苦困难的条件下展开的，当时解放战争才刚刚结束，而抗美援朝战争还打得正紧，国民经济的困难程度可想而知。没有任何施工机械，全凭工人的一双手、一副肩膀，用锄头挖，用箢篼挑，用石夯砸，一铲一铲掘、一夯一夯打、一箢篼一箢篼挑，把地基打实，用一块块红砖把厂房垒起来的，没日没夜地奋战一年多，才基本将成都石油总机厂建成。1953年，重庆新民机械厂整体搬迁到成都二仙桥的新址，正式定名为"成都石油总机厂"。

经过半个多世纪的发展和多次大的技术改造，具有几十年研究、设计、制造牙轮钻头历史的成都石油总机厂，已成为中国石油天然气集团公司属下唯一生产牙轮钻头的定点厂。他们的产品遍及祖国的各大油田，曾为中国石油工业的发展和自给自足做出过巨大贡献，用艰苦奋斗、自力更生的精神写下了一部辉煌的厂史。该厂能生产从 $4\frac{1}{4}$" 到 26" 的各型"川石牌"三牙轮钻头，能满足从极软到极硬

▲ 原石油总机厂大门　杨传球摄

的不同地层钻井需要。其生产的"川石牌"三牙轮钻头通过了API、ISO9001质量认证，不仅在国内被各大油田、矿山、地质水文部门广泛采用，还远销到北美、中东、中亚、北非、东南亚等国家和地区，被国际各大石油公司广泛采用。1988年，四川石油管理局成都总机厂生产的$12\frac{1}{4}$XHP$_3$型钻头被评为四川省优质产品。

成都石油总机厂不仅培养出了大批工程技术专家和优秀的"工匠"，而且从职工队伍中还产生了不少优秀的文学艺术人才，从该厂里走出的四川著名诗人鄢家发，就是其中之一。他1946年出生于四川万县（现为重庆万州区），1968年中专毕业后参加工作，历任四川省武胜石油工程学校教师，该厂职工，《石油报》编辑，四川省作家协会主办《星星》诗刊编辑、作品组组长、编务室主任，副编审。1971年，鄢家发开始发表作品，1990年加入中国作家协会，出版著作多种。代表作有诗集、散文随笔集《蝴蝶帆》《寂地》《边地雪笛》《永恒的漂泊》《回望与歌谣》《散落的烛光》等九部，曾获第二届省优秀作品奖、第四届四川省文学奖、首届全国冰心杯奖、首届全国大红鹰杯文学奖等，前后共获国家级和省级文学奖十六次。其诗歌空灵、简捷、意境深远，具有较强跨越时空感，在全国诗坛独树一帜。作品被选入国内外多种选本。

从石油总机厂还走出了一位全国闻名的发编大师张德瑄。张德瑄1944年出生于四川富顺，父亲在当地以手巧闻名，发编艺术的第二代传人。从小的耳濡目染，使张德瑄深深地爱上了发编，从十二岁起就利用课余和假日跟父亲学习发编。张德瑄1968年10月从大学毕业分配到成都石油总机厂，先后做过翻砂工、模型工。1970年底为解决与爱人两地分居问题而调到宜宾造纸机械厂。不管是读大学、当工人、还是当干部，他始终没有丢掉自己的发编爱好。每天学习工作之余，都会拾起自己的爱好，屏气止息，全身心地投入发编上。经过日积月累的磨炼，他从编小动物到编人物肖像，历练成了一个发编大师。2009年3月26日，《成都商报》以醒目的标题"蒙娜丽莎的微笑，他

▲ 发编艺人张德瑄　图片源自《成华史话》

用头发编出来"，首次将张德瑄微型发编艺术公之于社会，使一直低调的张德瑄突然成为新闻人物。同年5月，"四川省工艺美术精品暨旅游纪念品汇报展"开幕，他送展的发编作品《蒙娜丽莎》《观音》分别获得了金奖和银奖。2010年5月深圳举行"第六届文博会"，张德瑄的发编作品再次参展并引起轰动，《香港文汇报》等多家报纸刊

文对他的发编作品加以推介，并给以高度评价。他现在是发编艺术的第三代传承人，也是唯一传承人。

从国家石油工业的角度看，石油总机厂的巨大贡献有目共睹，在石油业界的名气是响当当的；从老百姓的角度看，附近的居民一提起石油总机厂便会异口同声说：石油总机厂的露天电影好看，他们的公共浴室更巴适！

石油总机厂与八里大队紧紧相连，背后就是田坝，从建厂以来的几十年中，工农关系一直都很融洽。几十年过去了，当年的老住户现在提起石油总机厂，还会夸赞石油总机厂的周末露天电影。因为石油总机厂宿舍区的大门总是敞开着，所以，每当厂宿舍区放什么露天电影，就会吸引周围很多村民前来观看，石油总机厂的门卫也从不阻拦。久而久之，每当周末，附近的村民都会自动来这里看免费电影。石油总机厂的露天电影已经成了一个知名"品牌"，附近的村民大都看过石油总机厂的露天电影。

夜幕降临，村民们早早吃完饭，便三五成群地奔向厂宿舍区球场坝（娃娃们是从拉银幕就来了），爷爷领着孙子、母亲抱着孩子，哥哥姐姐领着弟弟妹妹，几乎倾巢而动。电影坝（球场）占位子，也是谁先占就是谁的，职工虽然住在本宿舍区，容易占到好位子，但是如果你出来晚了，位子就会被村民占去。大家都遵守着一个不成文的规矩：先来后到，谁也没有优先权。

"文化大革命"时放映的电影大多是革命样板戏，由于样板戏经常放映，让人们产生了"审美疲劳"，所以，到后来每当放映样板戏，观众都很少。但是一放映《地雷战》《地道战》《南征北战》

等片子，观众就会特别多，电影坝也会特别热闹，很多人都看了十多遍了，可还是场场必到。观众虽然熟悉片子的内容情节，仍然热情不减。每当遇到电影中有可笑的人物出现，观众都会自发地跟着念台词，还会跟着唱电影的主题歌，虽然闹哄哄的，却很开心。再就是像《卖花姑娘》等朝鲜的故事片，在当时也很受欢迎。放映《卖花姑娘》时，电影院才刚刚下映不久，片子特别火，那天一听到风声，上午电影坝的位子就被本厂家属占满了，到了晚上开映时，大多村民观众只能站在边边上看了。不管是喜剧片还是悲剧片，只要有电影看，就会很开心。春天的冷雨霏霏，挡不住大家看电影的热情；冬天里北风潇潇，冷得直跺脚，打着哆嗦也要把电影看完。看到精彩之处，大家会不由自主地鼓掌，看到悲伤处，也会跟着电影中人物流下眼泪。放《卖花姑娘》那晚，场内就哭声一片。

露天电影最扫兴的是放映中途突然下雨。丝丝的细雨倒不算什么，大多数影迷都会稳坐"钓鱼台"，毫不动摇地观看下去，但如果雨一大起来，就会"军心大乱"，场上顿时乱起来，意志不坚定的分子便会带着老婆孩子逃之夭夭，剩下的人会撑起雨伞，穿上雨披，农民也会戴上斗笠、穿起蓑衣，若无其事地继续观看。如果下雨还刮风，银幕被风吹得鼓来浪去，只要放映员坚持放映，总有一批狂热分子坚守阵地，毫无惧色地照样看下去。比起今天的粉丝，那才是真正的"铁粉"！当银幕上出现"剧终"或"再见"时，意犹未尽的人们说笑着向门外走去，渐渐消失在茫茫夜色中。有时，人们刚端起板凳离场，还没走出场子，音乐突然又起，银幕上又出现光影——原来是加映的短片，影迷们意外惊喜，于是又拖着板凳，拼命地往里挤，要占回自己原先的位子。

除了看露天电影，周围村民最喜欢石油总机厂宿舍区的公共浴室。所谓公共浴室，也就是个装了一排喷头的大淋浴房。一扭开龙头就能喷出热水，这在村民眼里，可是个高级的东西。当时的农村条件很差，村民要洗澡只有下到河里去，这在夏天还可以，在冬天就不行了。女娃娃就更难，长年只能烧一锅水在家抹抹身，要想痛痛快快冲个澡真如白日做梦。

石油总机厂家属区的公共浴室，当时职工每月有几张免费洗澡票，家属要洗澡则只要一角钱购买一张票就可以进去了。那些嫁到石油总机厂的农村姑娘当然随时可以沾丈夫的光，花一角钱买张洗澡票过把瘾。过年过节，她们也会帮自己的家人买几张票，带她们进去洗澡。事情传开后，同村同队的姐妹们，也找到她们，要她们帮助买洗澡票。特别是每逢春节、元旦前夕，在家属区浴室里，经常有农村的姐妹成群结队来这里洗澡。

20世纪90年代初，石油总机厂的公共浴室撤除，而八里大队的土地已开始"统征"，村民陆续搬进了设施齐全的新房，洗澡问题再也不用发愁了。回想起那个艰苦的年代，村民想洗个澡都显得很奢侈，能有个单位给他们提供洗澡的条件，这真是雪中送炭呀！公共浴室虽然早就没有了，但它留在人们记忆中的许多温馨往事，至今还在老人们中间传颂着。

906厂出了个敢吃螃蟹的人

906厂始建于1958年6月，是"一五"计划确定兴建的企业，为苏联援建的一百五十六个重点工程之一。该厂是四机部（即电子工业部）唯一的为军事电子装备配套的特种微电机制造企业，也是我国最早建成的微型特种电机制造厂，该厂生产的各种电机产品主要用于为航空、航天、船舶重工、兵器、核工业及电子军工武器系统配套。1959年，工厂在尚未建成的情况下，即开始边建设边试制生产DK-1A直流伺服电机、DRK-627交流伺服电机和S-369B直流发电机，为飞机罗盘伺服系统等进行配套。工厂在几十年中为国家的军工建设和民用设施提供了大量可靠的产品，做出了巨大贡献。但长期的计划经济，也使该厂养成了一身毛病，严重地阻碍了生产力的发展。进入20世纪80年代以后，国企改革的风声越吹越紧，职工群众中一股改革的力量正在各车间由下而上不断涌动，暴风雨就要来了。

1984年，一条爆炸性消息震动了906厂：31车间（对外称建设电机厂）的二十九名干部、职工集体辞职了！更令人震惊的是，31车间党支部成员竟带头集体辞职，其中就包括党支部书记、工程师曾鹏举。而这些辞职者，居然全都迷上了一个贫穷的地方——新津县顺江乡古家村，他们要去那里白手起家办一个电机厂。

四十九岁的曾鹏举，给人一种亲和感，看人时两眼总像是在微笑。他为人稳健、持重、细心，善于思索，其性格、经历、年龄，都在向人们表明，他绝不是那种因一时冲动而不顾后果的人。

1984年11月29日，曾鹏举带着一脸微笑参加完电子部验收906厂企业整顿成果的所有程序，下午5点过，下班铃声已经敲响一会儿，他看见厂长栗世荣正要离开，突然喊道："栗厂长请留步！"说着便摸出了自己的"辞职报告"，将它递到厂长手上。这个眨眼间完成的动作，使众人大惊失色。

曾鹏举1969年从部队转业来到906厂，中尉变成三级钳工，部队九十多元的工资降到四十多元。陌生的面孔，陌生的厂房，陌生的岗位，没有人理解他，也没有人知道他曾是沈阳军械学校教机械制图和钳工工艺学的教官，一切从零开始。还是曾在通信兵学校任过教的一个"三结合"干部发现了他，此后，他才有了施展拳脚的机会。

1978年，906厂试制四川省第一台收录两用机，曾鹏举是试制组的组长。在他的带领下，经过没日没夜地苦战、攻关，不到半年便试制出了样机，在全国评比会上受到好评。他正想大展宏图干上一番，谁知由于条条与块块之间的某些微妙原因，收录机的试制竟草草收摊。他病倒了，人家都以为他是累病的，只有他心里明白，这是气病的。

1979年知青大返城，他受厂部之命赴旺苍、平武，接二百多名本厂知青回来。知青接回后，为了安置他们，曾鹏举又负责组建大集体企业"蓉光修缮队"，其后又组建编制外的31车间，厂党委任命他为车间主任兼党支书。他拿出当年做教官的看家本领，以技术训练为龙头，搞一专多能，浮动工资，择优选拔，不到一年便出了产品。初试锋芒便赢得了累累硕果，他正准备大展宏图时，主厂却不给半点自主权，让他灰心丧气……

他不甘心向现实低头，更不愿意就这样被捆住手脚，决心寻找新的出路。他想到了新津县顺江乡古家村。乡村企业的独立自主，生产经营的机动灵活，让他怦然心动。他决心向旧的管理体制告别，用改革的思维去开辟一个新天地。于是，发生了31车间二十九名干部职工集体辞职的事件。

厂领导多次找他谈话挽留他，好话说尽，愿也许了，曾鹏举还是无动于衷。最后只听到他长叹一声说道："你们做蠢事，把人才推出去，捅了个马蜂窝，后患无穷啊……"

他毅然决然地离开了906厂，直奔新津县顺江乡古家村新津电机厂，他只做了该厂的总工程师，但是职工依然很尊重他，把他当成主心骨，处处都听他的。他像磁石，外表平常，却强烈地吸引着一批跃跃欲试的人，有了他，军心就稳定。

古家村曾孕育了"希望集团"，现在早已演变成炙手可热的新津县工业园区。但在1984年的冬天，这里还有一湾五十亩大的鱼塘，衔着一弯小平房，那是鱼塘承包人的饵料房。新津电机厂正是借助那十间饵料房起步的，当年它曾是知青安置点，现在又成了工厂的筹建处。房子简陋、肮脏，没有门窗、没有顶棚，房顶还直掉毛毛虫，三四个人挤在十平方米的小屋里。更恼火的是没有井水喝，没有地方做饭，吃饭全靠村主任徐连成从家里提篼篼送来。每个人在心里都暗暗把这里的贫困同省城的繁华、舒适进行对比，但同时又都认定：只有这个陌生、荒凉的地方才是他们事业的立足点。当年，曾被曾鹏举招进厂的几个老知青也一致认为，这里比想象的好，比当年的知青生活还是好点。

新津电机厂从一开始筹建就历尽坎坷。1985年国家银根紧缩，贷款比登天还难，差点使它胎死腹中，全凭着新津县把它作为重点项目来保的坚定决心，才迅速为它筹集到百万资金。古话说，士为知己者死。曾鹏举在这里受到了格外尊重、信赖，他感动了，时刻都渴望做出一番成就来报答新津县的父老乡亲。他带领创业者们拿出20世纪50年代建设成都东郊的劲头，要在新津县古家村再建一个新厂。曾鹏举带领大家不分白天黑夜，不分上班下班，不分分内分外，人拉肩扛，搬运、安装设备。设备何时运到何时卸车，不要谁喊，全凭自觉行动。没有电灯，就用汽车、拖拉机的车灯，用手电筒照路……就这样，创造了济南当月出厂的高精度车床当月运到、当月安装的奇迹，创造了不到半年就进行批量生产的现代化节奏……

在基建的同时，曾鹏举把筹建处当成了试生产基地，先修了个数十平方米的临时简易工棚，安上数台机床，抓紧培训技术人员和工人，边基建边生产。1985年7月16日，几台经过改进的洗衣机电机试制成功。8月10日，电机的各项数据达到国标，开始小批量生产。

1987年春，新津电机厂建成了占地近3.7万平方米、其中生产面积近六千平方米的高大宽敞的厂房。谁知人们还没有为乔迁而高兴完，经济紧缩又接踵而至。但出人意料的是，1988年的7、8、9三个月，一股抢购风席卷全国，洗衣机首当其冲。靠生产洗衣机电机吃饭的新津电机厂大喜过望，到了年底竟实现产值四百八十多万元，一举扭亏为盈。

1990年，正当第一战场——洗衣机电机的生产如火如荼时，第二战场——新产品的开发也在紧锣密鼓地进行。

曾鹏举并非单打一的电机专家，在新津电机厂，他是综合总工程师，是整个工厂如何建立、发展、创新，以及倡导、设计建立企业文化的总策划师，他对工厂的布局、工艺路线的设计、职工培训大纲的制定、工厂的技术体系和技术资料的建立，都进行了全面的谋划。他不仅是专家，还是一个杂家，一个交叉科学的奇才、一名能工巧匠。他一门心思要开发一个能让工厂长久生存的新产品。

这个机遇说来就来了，一项名叫全扬程潜水电泵的设计进入了他的视线。这是四川省机电设计院几位工程师的业余创作，采用先进思路设计的一种新型产品。这项已申报国家专利的设计为国内首创，产品性能指标达到了国际20世纪80年代中期的先进水平，填补了我国低比转数全扬程潜水电泵的空白，其最大特点是43米以下任何扬程都可以满足使用，一泵可顶多泵用。

第二战场开发的这个"秘密武器"，从引进、谈判、签协议、制造，直到送去评奖，都是曾鹏举一手经办的。甚至连QX全扬程潜水电泵的使用说明书，包括全面技术资料的展示，鲜明生动的连环图解，也都是他亲手编绘的，至今都还在新津县被仿制。

过去的水泵，扬程变化幅度限定在1米左右，若超过则将烧毁电机。新产品的主要优势在叶轮，它的设计极其特殊，是一种离经叛道式的突破。设计者寻觅了好几年，居然找不到愿意接招的制造厂家。具有高级工程师职称的曾鹏举，此时担任工厂的总经济师，他以近五十五岁的年龄，完成了知识的更新，取得了电大"现代工程师继续教育"的合格证书。现在，他成了一把忙碌不停的梭子，发誓把设计者的美梦变成现实。

但他并不盲目乐观。果然，试制首先在叶轮这道关口卡壳。浇铸到模具中的铝水走不到位即凝固，废品表面粗糙不堪，气孔很多，一般的工艺根本造不出这种又薄又复杂又光亮的新型叶轮。一次又一次的失败，弄得专门聘请的铸造高手垂头丧气，几乎要打退堂鼓。曾鹏举也感到束手无策。

时光一月一月地流逝，叶轮一个一个地报废，剖析原因的资料曾鹏举记了一本又一本。惯常面带微笑的他变得郁郁寡欢了。他自诩还算是一名能工巧匠，难道就在这片叶轮面前束手无策？他渐渐悟到，失败的关键是未能跳出惯性思维模式。蓦地，脑海里犹如电光石火一闪，瞬间，新点子喷涌而出……

于是叶轮制造的难关宣告突破。紧接着，潜水密封突破。试压突破。

中国制造的全扬程潜水电泵终于问世了！曾鹏举进行了成功的二度创造，他使一项可能湮灭的专利技术转化为现实的生产力，设计者因此专程上门向他表示感激。

QX全扬程潜水电泵成为潜水电泵中的一代新秀，受到众多好评，获得省市乃至国家一连串嘉奖，曾代表中国农机部参加在印度尼西亚举办的万国博览会，畅销全国乃至整个东南亚，至今仍是新津的名牌。

令人惋惜的是，四川省新津电机厂的生命未能跨越千禧年，它于1999年宣告破产了。其终结的原因虽然仍有待人们研究，但它毕竟辉煌过，在这世界上轰轰烈烈存在了十四年，它留下的经验与教训仍非常有价值。曾鹏举这个敢吃螃蟹的人，通过自己的实践告诉人们：螃蟹并不可怕……

（本节资料来自周明生所著《沉浮东方》）

成焊——消失的弧光

　　成都电焊机厂是坐落在东郊厂北路口的一个大型民用企业，它从几家私企合并而成的"公私合营新四维电工厂"起步，发展到"地方国营成都电工器材厂"，最后到"国营成都电焊机厂"，成为西南第一、全国第二的电焊机专业生产厂，到达了事业的顶端。之后，却再从事业的顶端走向衰落、被兼并，直到最后破产，从东郊消失。四十多年中它经历了无数风雨，为国家做出过巨大贡献，也留下了许多难忘的故事。

　　1949年以前的成都，是个典型的内陆消费型城市，几乎没有近代工业。1949年全市的工业总产值仅为二千三百万元。在这二千三百万元的工业产值中，还包括六百家鸦片厂的产值。而"启明电灯公司"所属的小型火力发电厂则是支撑全市工业运转的唯一一家电力公司。有了启明公司的电力供应，像"新四维电工厂""华安电器修理厂""东方电具修理厂""新华机械厂""泰兴机具厂""建和翻砂厂""建新翻砂厂"等这样的家庭作坊式的私人小企业才可以运转。

　　1947年底，以电动机为动力的打米厂突然红火起来。那时成都人称电动机为"电滚子"。华安电器修理厂业主陈连甫依靠门下"大师兄"王永清（后任成都电动机厂厂长）自学掌握的电工技术，命令手下几名学徒工立刻制造"电滚子"。没有漆包线，他们自制了裸铜线缠绕棉纱的包纱机；没有绝缘漆，他们用四川土特产的桐油替代；没有高强度韧性的绝缘纸，他们敢用剪刀裁剪法币、金圆券顶替；没有矽钢片，他们用"美孚"洋油桶的铁皮代替矽钢片……不管这台自制马达是成功还是失败，无论陈老板是利益驱使或是怀有别的什么目的，总之，这些大胆行为，还是为他赢得了一个"陈马达"的雅号。

新四维电工厂的业主老板名叫吴振华，他身上有段传奇经历：其父原在中苏合办的中长铁路就职，只因日本侵占"南满铁路"，其父遭受排挤迫害，乃带吴振华取道苏联远走欧洲，又转道新疆回国，最终在成都立足落户了。有修理"无线电"之类的技术专长，又有一段旅欧的人生经历，所以吴振华在工、商两界都有一定的知名度。新中国成立初期的成都，人民政府为了解决就业问题，对于像新四维这样的私营工商企业特别加以扶植，以发展经济，改善民生，稳定社会，于是，一批来自孤儿院或社会流浪的青少年就被安排到新四维来当了学徒工，这样既为政府分了忧，也扩大了新四维的规模。

盛尔锐是启明电灯公司的电气工程师。从送配电的业务出发，他必须和工商界各行业的大大小小用电客户的老板们保持联系，维持着关系。掌握电气专业知识，又有那么广泛的人脉，使他成为机电行业不可多得的宝贵人才，理所当然地受到成都市机电公司经理韩茂德的尊重和礼遇。在一定程度上，盛工程师也就成了政府与商界沟通的渠道和桥梁。

1956年的社会主义改造运动中，华安电器修理厂、新四维电工厂等数家私企合并成立了"公私合营新四维电工厂"。私营的新四维电工厂原厂址设在任家巷，公私合营后迁厂到拱背桥东南里的原造币厂。既然性质是公私合营，所以上级就派来了"公方代表"刘正渊，而"私方代表"自然是非吴振华莫属了，盛尔锐则被任命为工程师。

根据盛尔锐工程师提议，新厂主要开发生产技术含量较低的盘电板电工产品，同时，开始试制成都第一台1.7千瓦电动机。让人没想到的是，1958年5月1日，成都产第一台1.7千瓦电动机竟然在这个设备十分简陋的小厂试制成功了。

在大跃进的1958年，公私合营新四维电工厂为了"跑步进入社会主义"，决定改名，甩掉头上"公私合营"的帽子，正式挂牌成立了"地方国营成都电工器材厂"。第一任厂长是原成都市机电公司经理韩茂德，第一任总工程师是盛尔锐。新厂下设两个主要生产车间：电动机车间、盘电板车间。成为地方国营企业后，原工厂中的私资成分转变为公产，工厂的职工原班人马集体变为国企职工身份，工厂厂址也从拱背桥东南里搬迁到了国防工业集中的成都东郊工业区。虽说人都是国企身份了，但人与人还是有区别的。原来的私资老板，因为拿有定息，头上仍戴着一顶"资本家"帽子。

厂子既然已经属于地方国营性质，原来的私方人员在企业国有化的过程中，也都"搭车"被"带进社会主义"，成了国企职工。原公私合营时的"私方代表"、新四维的老板吴振华在筹建新四维过程中，曾运用自己跨工商两界的人际关系积聚资本，有不少像布匹业的老板刘永康或其他行业的老板罗衮衣那样的人都成为新四维的股东，还有其他各色人等，或与吴老板相识，或与吴老板之间存在着某种利益关系的，都随他进入了新四维成为该企业的职工，现在也自然转为了国企职工。其中还有两位起义的国民党军官：一位是成都黄埔军官学校末期生苗琨，起义后进厂当了工人；一位是统计员徐筠女士，其夫是国民党空军军官，曾驾机运送黄金飞台湾，因得同僚帮助，好不容易才绕道香港回到成都与妻团聚。

1960年之后，国家进入了三年"调整、巩固、充实、提高"的时期。1963年，三年经济调整结束，国民经济开始全面复苏，成都电工器材厂也迎来了一个新的发展机遇期。

当时的工厂占地七十多亩，其主体建筑是座长一百余米，由四排钢筋水泥柱缝中支撑起来的高大厂房，本厂职工习惯称其为"大车间"。厂房内横跨着四十吨的行车，隆隆地在高空来回运行。那时工厂主打产品之一的配电盘生产早已下马或转移到"低压开关厂"去了，所以大车间实际为电动机车间占有。三年困难时期，电动机生产不景气，整个大车间显得空空荡荡，中门地面上停放着一台巨大的发电机定子铁壳，不知是客户破产已无资金来启动后续工程，还是别的什么原因，空置的发电机定子一直摆放在那里，因停放太久，帆布罩上积满了厚厚的尘埃……

1964年，工厂从上海电焊机厂引进全套设计图纸和工艺装备，转产生产起了两种通用型的电焊机产品。这样一来，工厂也走出了困境，日子比先前好过多了。同年，"地方国营成都电工器材厂"正式改名为"国营成都电焊机厂"。其实，这一改名绝非偶然，实际上是中央三线建设决策的一个部署，下一步便将启动正式的内迁工程了。果然，1965年元旦刚过，为迎接内迁职工的工作全面铺开，在二环路一侧新建了一排排"干打垒"的职工家属宿舍，等待着即将到来的上海职工。

1965年，一机部正式批准上海电焊机厂以厂长司相田为首组成内迁工作领导班子，先期调拨四百台机床设备发运成都，进行安装调试。随后他率领四百名内迁职工和一千余名职工家属也来到成都，奔赴新厂。在一机部的协调下，内迁工作有条不紊：七种电焊机产品的设计图纸和工艺流程序号，以及抵达新厂即可进行生产的原辅材料均与内迁职工人车同行，一起从上海发运，甚至连完成生产任务的目标日期都已经确定。这样做的目的很明确：职工一到新厂，即可开工进行生产，以确保国家下达任务的完成。为了迎接上海内迁同志和机器设备的到来，时任成都电焊机厂党委书记的彭凤三相应成立了内迁领导小组。在上海、成都两方面的共同努力下，1965年6月28日，上海四百名内迁职工抵达成都，他们仅仅休整了两天，便于7月1日开工进行生产。当时职工的冲天干劲和高昂的热情今天想来还那么令人激动。

随着上海内迁机床设备的先后抵达，占据着大车间全部地面面积的原电动机车间的设备必须腾挪出一半地面来，让位于主导工厂生产的第一车间了。一车间专门生产自动、半自动埋弧焊机、接触焊机、二氧化碳气体保护焊机等高附加值焊机产品。当然，一车间主体人员是上海内迁职工。本来，原电动机车间是工厂的龙头老大，现在只能屈居为编号第二的车间，生产着被行业中人戏称为"大饼油条"的AG-300和BS-330两种通用的电焊机产品了。

人们最先看到的是，停放在一、二车间共用的行车运行过道地面上的发电机定子被移送走了，空出来的大车间中门门口，安装上了一台庞然大物——六尺龙门刨床。该设备操作程序自动化程度很高，所以随机运来的机械图纸和电气控制的电路图纸就装满了很大一个木箱。内迁工作领导小组担心拆装来蓉的该大型设备，无法重新安装复位恢复生产——尤其是该设备十分复杂的电气控制线路的复原，曾建议请"上焊厂"高级电工乘机来蓉协同安装……这时，原成都294技校毕业的职工孟承圣挺身而出，毅然承担起了六尺龙门刨床全部自动化电气控制线路重新排线的整理安装工作。经过他的几天努力，胜利完成任务，为内迁生产开门红打响了第一炮，也为成都人争了光。

因为有了上海电焊机厂的内迁，使成都电焊机厂发生了翻天覆地的变化。代表着行业先进生产力的"上焊"职工，成系统成建制的内迁，以最快的速度使成都这家名不见经传、始于"公私合营"、继而"地方国营"的小小电工器材厂，一下子跃升到全国第二电焊机专业生产厂的位置，实现了一次华丽转身，一夜之间扬名全国。这时的成都电焊机厂，有工程技术人员一百余人，职工一千多人。该厂生产的电焊机遍布全国汽车行业、电力行业和电器行业。该厂有四十余种产品全国领先，所产的三相次级整流闪光对焊机全国一流。

由于几十年计划经济时期积累下来的弊端，加之改革开放初期电焊机市场的无序竞争，1990年代成都电焊机厂陷入了多重危机。为了挽救这个电焊机行业的重点企业，1997年，成都电焊机研究所兼并了该厂，对它进行改革、注入资金，一心想救活该厂。但可惜的是，由于多种原因，几年后的2004年，电焊机厂还是破产了。回顾成焊厂的艰苦历程，从"公私合营新四维电工厂"、"地方国营成都电工器材厂"到"国营成都电焊机厂"，几十年中，它艰难跋涉，锐意进取，给共和国贡献了数以万计的优质电焊机，也给人们留下了许多酸甜苦辣的创业故事，虽然电焊机厂从东郊消失了，但它绽放出的绚烂焊花，却还在我们记忆中闪烁……

（本文资料为王金泉同志提供）

成都电焊机研究所风采依旧

一个研究所在自己的"所庆"时，能得到党和国家最高领导人题词祝贺的，在全国并不多见，而成都电焊机研究所在1995年成立三十周年时，就得到了这样的殊荣：当时的中共中央总书记、国家主席江泽民就专门给该所题词："艰苦创业，发展我国电焊机科技事业"。当时的国务院副总理邹家华，国务委员、国家科委主任宋健也为其题了词。跟着题词的还有不少领导人。看来，成都电焊机研究所"来头"还真不小！说到"来头"，还得从上海电器工业研究所电焊机研究小组谈起……

起步上海

中华人民共和国成立前，我国没有电焊机制造业。1953年，由于经济建设的需要，在上海建立了我国电焊机行业第一家电焊机专业厂。1954年下半年，第一机械工业部决定，从北京电器工业研究所上海分所内抽调叶仰尧等四人筹建电焊机研究小组。经过一年多紧张的准备，次年11月，经一机部北京电工研究所批准，在其上海分所内建立了电焊机研究小组，专门从事焊接新技术、新工艺、新材料、新设备的研究。这是我国历史上第一个电焊机专业研究机构，中国的电焊机科研事业从此起步了。

电焊机研究小组诞生后，便着手进行我国第一台同期与非同期的点焊机和缝焊机控制箱的试验测绘设计。1956年完成样机的试制工作，并在上海电焊机厂推广应用于生产，受到工厂的好评。接着，又进行了自动埋弧焊机、电容储能点焊机等七项课题研究，有六项得到推广应用。在这个探索过程中，研究小组主要是对苏联样机进行研究消化和测绘试制，属于仿制阶段。

1958年5月，电焊机研究小组升格为一机部上海电器科学研究所电焊机研究室。之后，焊研室的工作得到了较大的发展，研究方法也从单纯测绘仿制逐步走向自行研究设计。这期间共进行研究课题二十四项，获得成果二十一项。这些成果一部分推广应用于上海电焊机厂和上海劳动电焊机厂投入生产，一部分直接运用于国防军工生产。在研制电焊设备的同时，电焊机研究室还对焊接工艺进行研究，解决了一些军工产品疑难问题。1965年9月，电焊机研究室王传镞工程师作为我国代表，第一次出席了国际焊接学会第十八届年会。

由于电焊机研究室科研成果突出，解决了国家军工重点任务急需的电焊设备，填补了我国不少电焊机品种的空白，因此连续三年（1961—1963）被评为上海市科研系统先进研究室。科研技术队伍也不断壮大，并拥有了相当数量的试验设备。

从电焊机研究小组的成立到焊研室内迁前，整整经历了十年时间。十年间，通过不断地学习和实践，研究室已逐渐摸索出一套科研工作的方法，渐渐摆脱了单纯依靠测绘和仿制，基本能进行独立设计，已具有一定的技术基础。尽管当时条件有限，行业技术工作开展不多，行业的技术归口作用没有得到发挥，但电焊机研究室在极其困难的条件下所表现出来的艰苦创业、开拓进取的精神，对以后电焊机研究室的发展产生了深远的影响。

移师成都

1964年，基于当时的国际环境，党中央决定对国民经济布局进行大调整，将沿海的部分科研单位搬迁到中西部"三线"。正是在这种背景下，电焊机研究室的内迁也提上了议事日程。这一年三季度，上海电器科学研究所党委决定：调濮耀先任电焊机研究室第一副主任，同时准备内迁四川成都。

1965年2月25日，一机部（65）机密七字278号文通知，将上海电器科学研究所电焊机研究室整体内迁成都，成立电焊机研究室。同时，一机部通过成都市重工业局下文，为电焊机研究室建设科研楼和职工家属宿舍。这样便拉开了内迁的序幕。

同年6月，二千五百平方米的科研楼和一千平方米的家属宿舍分别在"成焊厂"厂内和建设路竣工。7月下旬，上海电器科学研究所为即将内迁的电焊机研究室成员召开欢送会。会上，党委书记何成、所长崔镇华、副所长江泽民分别作了讲话，鼓励大家继续发扬艰苦奋斗的精神，积极参加三线建设。7月25日，电焊机研究室成员及部分家属，肩负着党组织的托付，怀着对科研事业的无比热爱和支持三线建设的巨大热情，登上了西行的列车，28日抵达成都，受到成都市委工交部领导的热烈欢迎。

这年8月9日，一机部下达（65）机密七字1345号文，明确电焊机研究室内迁成都后定名为"第一机械工业部电焊机研究室"，直属第一机械工业部，研究室日常工作生活的具体领导由成都电焊机厂代管。并明确研究室的方向任务是面向全国、为全行业服务，其主要职责是：负责研究本专业的技术政策和技术发展规划工作，负责编制产品系列型谱及品种发展规划，解决本行业生产技术上关键问题，负责本行业技术情报、标准化、系列化工作和测试工作，同时也为成都电焊机厂进行产品设计、开展试制工作提供技术服务。这样，就明确了电焊机研究室内迁后的性质、任务和发展方向。

与此同时，相关的机电设备及仪器仪表也先后运抵成都。从1965年8月9日起，成都电焊机研究室已初步成为能独立运作的科研机构，这一天后来就被定为成焊所的建所纪念日。

顶风前行

内迁后，电焊机研究室的干部和职工激情满怀，准备甩开膀子大干一场。然而，一切尚未就绪，"文化大革命"开始了，刚诞生的研究室受到了很大冲击，这艘刚刚"下水"的小船，时刻面临倾覆的危险。

在惊涛骇浪面前，焊研室的干部职工怀着强烈的事业心和对科研工作的热爱，顶着逆风和巨浪，排除各种干扰，开展起了科研业务，进行艰苦的创业。1966年7月，焊研室的科研新成果——《0.1—0.5mm不锈钢薄板脉冲氩弧焊工艺设备》的论文在荷兰召开的第十九届国际焊接年会上宣读，这是我国首次在国际学术会议上发表的两篇焊接科技论文之一。这期间，焊研室还组织编制了行业科技发展规划和行业生产发展规划；组织编订和审查行业技术标准；开展行业产品的质量整顿和检查工作。同年11月，研究所还牵头成立了全国电焊机行业技术情报网。1971年，由焊研室主编的、全国唯一的行业学术杂志《电焊机》创刊。次年12月，一机部批复同意将"一机部电焊机研究室"改名为"成都电焊机研究所"。到1976年"文化大革命"结束时，成焊所已"羽翼丰满"，逐步脱离对"成焊厂"的依附，科研条件有了较大改善，各方面工作都有了新起色。1977年2月，成焊所建成试制车间、试验站。管理部门及试制车间从原来成焊厂内的老科研大楼迁入新址，进入了完全独立的、全新的发展时期。

1978年，党中央召开全国科学大会，会上，成焊所共有十一项成果获全国科学大会奖，极大地鼓舞了全所的科研人员，激发出了更大的科研热情。之后，他们的积极性得到了极大释放，向社会奉献出了一个又一个新的科研成果。1979年，成焊所完成科研项目十三项，相当于之前十年成果的总和，显示出了强大的科技潜力。

从20世纪70年代中期开始，成焊所着手进行可控硅整流焊机的研制工作，于80年代中期投入批量生产，并逐步转让给近五十家电焊机厂进行产品生产。总产量占全国产量的首位。改革开放以后，科研技术实行了有偿转让制，结束了以前的无偿转让状况，又一次调动了科研人员的积极性。1982年成焊所将ZX5可控硅整流弧焊机转让有关工厂，这是成焊所首次进行有偿技术转让。到1984年底，研究所完成了重大科研成果七项，并有十七项成果在三十多个厂家得到应用。

为了开阔视野，学习世界先进技术，同时也让我们的产品走向世界，1982年6月，成焊所与成焊厂领导赴南斯拉夫考察，与"火花"

电器公司签订了长期技术生产合作协议，并多次派人前往南斯拉夫考察学习。"火花"电器公司也曾数次来蓉进行交流。与"火花"电器公司的技术交流为成焊所对外技术交流与合作提供了宝贵的经验。改革开放以来，成焊所已先后与日本、芬兰、东德、捷克、苏联（俄罗斯）、韩国、美国、西德、法国、瑞士、英国、奥地利、菲律宾、朝鲜、泰国等十多个国家的焊接研究、生产机构进行了技术交流，取得了较好的效果。成焊所的科技人员和专家更是多次走向世界，参加国际电焊机学术交流会议，发表学术论文达数十篇之多，赢得了国际同行的尊重。

新的机遇

1985年初，全国科技工作会议的召开以及《中共中央关于科学技术体制改革的决定》的公布，极大地激发了成焊所科技人员的积极性。4月初，在全国机械工业科技工作会议上，成焊所又被批准为第二批实行技术合同制的试点单位。成焊所紧紧抓住这个机遇，乘着科研体制改革的春风，步入了新的发展时期。

按照"经济建设必须依靠科学技术，科学技术必须面向经济建设"的战略方针，成焊所将科研工作重点进一步转移到为经济建设服务上来，同时根据经济建设和用户的需要，大力承接横向合同。现在，横向合同项目已成为成焊所主要任务来源之一。

1986年，研究所通过多种形式，加强了横向联合，逐渐由过去少量的、松散的联合过渡到与中、大型企业进行全面的、较紧密的科研生产联合。在巩固与行业主导厂华东电焊机厂联合的基础上，1986年12月与兄弟单位成都电焊机厂签订了经济联合体协议书。同时，研究工作由过去偏重于焊接电源和控制器转到着重发展整机。成焊所不断扩大和完善横向联合，探索出一条建立稳固技术市场的新路子。在巩固已有厂所联合办厂的基础上，又继续与各地十多家电焊机厂家签订了联合办厂的协议，使研究所的成果转让有了一个稳定的技术市场，技术水平和经济效益不断提高。1988年9月，由成焊所牵头，联合成都电焊机厂、东方电工机械厂为核心单位组成了成都焊接成套设备公司，该公司以科研为龙头，实行科、工、贸相结合，独立核算，自负盈亏，为国家重点建设项目提供急需的焊接成套设备。这也是成焊所对实行股份合作制的初步探索。

在不断探索和实践过程中，成焊所于1988年提出了调整科研方向——由研究开发单台电源转换为研究开发高效节能焊机和专用成套设备同时并举、变横向松散联合为横向紧密联合。所内逐渐形成了既搞新产品开发，又搞中试产品生产；既搞全国性行业工作，又接受地方委托的任务；既接受纵向课题，又承接多种形式的横向合同。当年承接横向合同七十六项，特别是热轧不锈钢带退火、酸洗生产线改造中的"专用多点电阻焊机"项目，这是成焊所第一次主动承接的大项目。当年还承接了"摩托车钢圈生产线""传动轴生产线""专用电子束焊机"等六个大型成套项目，建立了多种经营、多种联合的较为灵活的经营机制。1989年9月，成焊所为"二汽"（东风汽车制造厂）研制的汽车传动轴焊接生产线通过用户验收，这是成焊所自行研制的第一条焊接生产线。

早在1985年时，成焊所就很注意开发和推广节能产品，这一年6月，由成焊所主办的首届"全国电焊机节能新产品展销会"在北京开幕，展销会上交易活跃，取得了十分理想的效果，也极大地提高了企业的节能意识。由于影响很大，从1988年开始，成了定期召开的全国性节能产品展销会。在1991年第五届展销会上，正式改名为"中国焊接博览会"。现在已经成为我国声誉最高、规模最大、影响最为深远的焊接界的盛会。

值得一提的是，在紧张的科研工作之余，成焊所很注意开展群众性的体育活动。毽球运动是该所的一项特色运动，在该所群众中有深厚的基础，受到广泛欢迎。1988年7月，成焊所与市体委、市总工会、市电视台联合主办了"焊研杯"成都市第四届毽球锦标赛，共有四十支男女毽球队参赛。同年9月，在四川省第四届毽球锦标赛上，成焊所男队获得第三名的好成绩。美国《体育画报》《时代周刊》记者两次来所采访毽球活动，多家新闻单位对成焊所的毽球活动进行了报道。毽球也被誉为成焊所的"所球"。

改革开放以来，该所始终不渝地贯彻党中央科技体制改革的决定，坚持两个文明一起抓，年年荣获四川省先进科研单位一等奖，初步建立起了科研成果商品化、产业化的机制。

扬帆远航

从1991年到1994年，成焊所用四年的时间上了一个大的台阶，全所已形成了一支具有高水平的经营管理、科技开发、产品生产的技术人才队伍。拥有35个系列、180个规格的可供生产的新产品，其中国家级新产品14项，部、省级新产品12项，部、省级以上成果15项，国家专利3项；建成了电弧焊机、气保焊机、电阻焊及特种焊机、专用焊机、逆变焊机、储能焊机和成套设备等七个科研生产基地；机构体制上以科技为先导，组建了科技型企业集团，形成了科研、开发、生产、销售统一分工、协作发展的专业化布局；在电焊机市场已有很高的知名度，占有相当份额的市场；已积累了一定的生产管理经营经验，不仅完成了由纯科研型向科研经营型的转变，而且开始了由科研经营型向高科技产业型的转化，在市场经济中能够基本自立。1994年，在全国电焊机行业市场疲软的情况下，成焊所的总收入不降反升，总收入和科研成果完成数均创历史最高水平。同年9月，成焊所获国家科委颁发的科学技术金桥奖（相当于国家科技进步二等奖），并第七次荣获四川省先进科研单位一等奖。

同时，成焊所作为行业技术归口所，行业工作也在不断地发展。内迁前，行业工作几乎是一片空白。内迁成都后，便成立了专门从事行业技术工作的机构。随着对电焊机产品质量整顿和产品的更新换代工作，组织了量大面广的产品质量调查、分析和统一设计工作，组织了行业发展规划和标准的制订工作，组织了产品质量认证、出口许可证的颁发和行业质量监督抽查工作，为提高电焊机产品质量和加速产品的更新换代做出了贡献。到1994年底，成焊所已经形成了检测中心、信息中心、咨询公司等几个专门负责行业工作的部门，行业工作的深度和广度都有了较大的发展。

1995年1月10日，成焊所在北京人民大会堂召开了"机械工业部成都电焊机研究所向高科技产业整体转化新闻发布会"。时任全国人大常委会副委员长的李沛瑶、吴阶平，机械工业部部长何光远，国家科委副主任黄齐陶以及中央有关部委、全国总工会和四川省的领导参加了新闻发布会。中共中央政治局委员、国务院副总理邹家华和国务委员、国家科委主任宋健对成焊所取得的经验给予了高度评价。邹家华和宋健还专门为成焊所题词。

1995年6月26日，成焊所迎来了建所三十周年纪念日。时任中共中央总书记、中华人民共和国主席江泽民专门为成焊所题词："艰苦创业，发展我国电焊机科技事业。"题词传到成焊所后，全所技术人员和干部职工无不欢欣鼓舞，大家一致认为，这既是对成焊所过去成绩的肯定，又是对成焊所巨大的鼓励和鞭策。

随着改革开放日益深入，我国经济体制和科技体制已经全面向社会主义市场经济转化，科研院所事实上已被全面推向市场，成焊所面临的形势更加严峻。成焊所要面对的已经不仅是国内的一千多家竞争对手，竞争已由国内发展到国际，必将更加残酷。面对重重困难，素有"艰苦创业、勇攀高峰"光荣传统的成焊所人没有退缩，他们知难而进，锐意进取，制定了"以科技为先导，以提高经济效益为中心，以质量为后盾，加大开拓市场力度"的工作方针，开始了新的征途。

成都电焊机研究所坐落在成都二环路东一段29号，她的对面曾经是906厂、成都电焊机厂、719厂，东边是成都量具刃具厂，西边是776厂，四周被大型企业包围，她当年在东郊只能算个"小妹妹"。这个"小妹妹""女大十八变，越变越好看"。她从一个电焊机研究小组起步，如今已经发展成为国家大型科研企业，她拥有三个全资子公司：焊接设备行业生产力促进中心、成都电气检验所、《电焊机》杂志社有限公司，并参股多家公司。拥有享受国务院特殊津贴的专家13人，享受地方政府特殊津贴的专家6人，高级职称技术人员47人。成焊所作为中国焊接设备行业著名企业，紧跟国内外先进焊接技术的发展，始终坚持自主开发，不断掌握核心技术，占领技术制高点，致力于为国内各类焊接企业提供技术支持，开展各类焊接设备的设计、研发、评审、评估、技术交流与推广等服务，正为发展我国的电焊机事业不断做出新的贡献。

　　五十多年后，当周围那些曾辉煌一时的大型国企从东郊退出后，成都电焊机研究所却仍驻守在东郊。昔日的这个"小妹妹"，没有了那些大厂的陪伴，虽然有些孤单，却显得更加成熟、更加自信了。

桃李无言花自红

　　八里庄，地处成都东北角，既没有出土过有价值的古代文物，历代文化名人也没有留下什么足迹，一直都显得有些荒僻。直到新中国成立后，国家为发展国防工业，对成都东郊进行大开发，建起了多个国家级大企业，给东郊带来了现代工业文明，随之也给东郊带来了现代企业文化。

　　东郊自开发以来，伴随着经济发展和技术进步，在向国家贡献物质产品的同时，也向社会贡献着精神财富，涌现了不少工人作家、工人艺术家、文化人、运动员、民间艺人和奇人，其中有前面已介绍过的、从成都量具刃具厂走出的网球世界冠军晏紫、著名的书法家陈无垢等人，也有从石油总机厂走出的著名诗人鄢家发、发编艺人张德瑄，更多的则是仍然活跃在基层的业余文化艺术家和民间艺人，他们既是传统文化的传承者，又是社会主义精神文明的创造者，更是社会主义文化艺术的传播者和推广者，本章只选择仍在最基层、有代表性的五人加以介绍——

糖画大师樊德然与他的传人

　　说起糖画艺人，不少"老成都"都知道"樊糖饼"。"樊糖饼"是糖画大师樊德然自己创立的糖画品牌，很多老人小时候都吃过他的糖饼，至今说起他来眼前还常常会浮现出这样的情景：在街头巷尾、公园门口或庙会上，一群娃娃好奇地围着手持"荷叶"（铜勺）、俯身倒糖饼的樊德然，惊讶地看着一股晶莹剔透的黄糖浆在他的手下挥洒流淌，随着手上下左右地不停舞动，金丝般的糖浆魔术般地变幻着，瞬间就成了挥舞大刀的关公、豪气冲天的张飞、英姿飒爽的周瑜、翩翩起舞的貂蝉……这就是国家级糖画艺术大师樊德然留给老成都们的记忆。虽然他已于2015年8月仙逝，但"樊糖饼"的品牌却香火延续、后继有人，他的儿子樊均富已经摆开父亲留下的摊子、接过父亲的"荷叶"和"起子"、树起"把子"，在父亲创立的招牌下继续着糖画事业。2018年3月29日上午，我走访了樊德然大师的儿子，糖画艺术传承人樊均富。

　　樊均富虽说也已年近花甲，但看上去比实际年龄要年轻得多。他将我引进自己的糖画工作室，不大的工作室墙上挂着父亲制作糖画时的彩色工作照，桌子上摆放着父亲的国家级糖画大师证书和奖章。靠窗户的位置有一个台子，上面放着制作糖画的石板、工具、"把子"和一个电磁炉及熬糖用的锅。工作台旁边还放着几十张他为制作糖画而设计的草图，有三国人物、水浒人物，还有川剧人物，线条流畅，形态各异，生动传神。我说，"你的画也画得不错嘛！"他说，"制作糖画其实和画画是一样的，糖就相当于墨，石板就相当于纸，工具就相当于笔，手要天天练才灵活，我每天收摊后，回家都要画点画，再熬化糖浆练习一阵子。"一提到他的父亲，樊均富脸上不由自主地露出崇敬的神色，望着墙上父亲的照片、桌子上的证书奖章，他向我讲述起了樊德然的糖画创作经历。

樊德然（1924—2015），为非物质文化遗产糖塑（成都糖画）项目国家级代表性传承人。1962年春天，他在成都曾为周总理、陈毅副总理等表演过糖画技艺，得到了周总理的肯定和赞扬。1986年，已经

◀ 糖画艺人樊德然　樊均富提供

退休的他联络成都糖画艺人，发起成立了"成都市东城区（今成华区和锦江区）民间糖画艺术协会"，使一向不被人看得起的糖画艺人们终于有了自己的组织。那年，他还收了近三十个徒弟。1992年5月，六十八岁的樊德然应邀作为"中法友谊民间艺术代表团"正式成员赴法国访问并表演糖画制作技艺，受到当时的法国第一夫人——密特朗夫人的接见，糖画因此第一次走出国门，并在欧洲引起轰动。1996年，他使用过多年的两套糖画工具分别被法国蒙特利埃市博物馆和四川大学博物馆收藏。

樊德然小时候家境贫寒，为了养家糊口，他十一岁便到南府街跟随一个姓谢的师父学艺。学艺期间，他起早贪黑，勤学苦练，潜心钻研，受到师父的赏识。三年后出师，他便摆起了糖饼摊。俗话说"师父领进门，修行在个人"。经过多年的独自刻苦磨炼，加之他天资聪明，善于探索创新，便成了成都市有名的糖饼艺人，号称"樊糖饼"。在做生意过程中，为了吸引娃娃和路人，招揽买主，闲的时候他就用糖浆勾画些人物花鸟，人们好奇地过来围观，围观的人多了就会有生意。渐渐地，他对糖画的兴趣越来越浓，一有空闲时间就将自己看过的川剧人物精心制作成糖画，插在"把子"（也叫"铜锤"）上展览，路人经过总要多看几眼，称赞上几句。娃娃们看了也会缠着大人要求买，他的糖饼摊名气也越来越大。就这样，樊德然不知不觉间走上了糖画艺术的创作之路。

樊德然自幼喜欢川剧，哪里有川戏班子，他就跟到哪里。新中国成立前的成都，正规的戏园子不多，租金也贵，一些小戏班子租不起戏园子，只能以流动的形式，到各茶馆以及郊区乡镇的戏台上流动演出。据樊均富说："我父亲平时最喜欢去的地方就是茶园，跟着戏班子四处跑。戏台子上面唱，他就在戏台子下面摆摊，父亲一边看戏一边就在想怎样把台上的那些人物做成糖画，塑造出来。为了不让记忆流失，他一看完戏就马上拿起'荷叶''起子'在青石板上面倒。所以他倒出来的糖画戏剧人物总是那么逼真生动。逢年过节，各地的庙会也是我父亲常去的地方。听母亲说，那个时候，我们家很穷，为了养家糊口，多挣点钱，他常常一出去就是几天，顾不上回家。为了吸引买主，他常常做些糖画戏剧人物插在'把子'上，行人、儿童和顾客一看到'把子'上那些栩栩如生的糖画戏曲人物，就会驻足围观。由于他喜爱川剧，熟悉川剧舞台上的人物形象，他做出的糖画川剧人物就特别生动逼真，特别受人欢迎。渐渐地他的名气越来越大。"樊均富评价起他父亲时说道："糖画最难的就是人物，而父亲的糖画最擅长就是川剧人物，因为他天天跟到戏班子跑，那上头在唱啥子戏，他就在底下用糖浆倒啥子戏，所以练就了过硬的功夫，可以说你不管说哪个戏他都晓得，你要哪个人物他都能给你做出来。我现在也能制作出川剧人物，也能把戏里的人物勾勒得形象逼真，但就是没有父亲做的川剧人物那么有'味道'，看来，那个功夫还真不是一天两天能练出来的。"

樊均富还在很小的时候，父亲就在街头摆小摊做糖画生意，他经常跟在身边看。樊均富充满深情地说，"我是真心喜欢父亲的这个手艺，但是他那时却不让我们学做糖画。当时，一家人的生活，全靠父亲在街头巷尾摆糖饼摊赚点钱维持，糖饼艺人被人瞧不起，所以父亲一直希望儿女们能念书识字，将来谋个体面的工作。"樊德然有意避免女儿接触糖画，而对大儿子樊均富，也是明令禁止学习糖画。樊均富接着说，"虽然父亲不允许我们做糖饼，但是，我小时候天天看父亲做，偶尔他也会教我制作点简单的人物和动物糖画，长年的耳濡目染，父亲的糖画技艺完全潜进了我的血液，融入了我的生命。高中毕业后，我下乡当了知青，一年后入伍。在部队我入了党，参加了边境自卫反击战，还在部队立过二等功。父亲很为我骄傲，逢人便说我在部队立功的事，但我却一直忘不了糖画。复员以后，我成为本市一家国企的职工。虽然心里很喜欢糖画艺术，想传承父亲的手艺，但为了不让父亲生气，我还是不敢涉足糖画职业。但当我看见父亲日益年迈的身体，心里总在自问，难道能让父亲的这门精湛的手艺到我这一代失传吗？不能！于是我在十多年前毅然辞去了厂里的工作，在家里悄悄琢磨起了糖画制作技艺。"虽然父亲不准他学糖画，但聊起自己想做糖画的初衷，樊均富还是会反复提起父亲，是儿时守着父亲做糖画的记忆，带他走进了这个"甜蜜"的行当。

为了不违背父亲的意愿，不让老人家生气，樊均富刚辞职出来学做糖画时并没有在外面摆摊，他只在家里做，在家里练习。凭着记忆模仿父亲当年制作糖画的方法，并开始琢磨糖的熬制和作画的技巧，为了调配和熬好黄糖浆，他先后买了两百多斤糖反复试验，直到最后完全成功。虽说父亲不准自己学糖画，但是他的手艺还是会不自觉地"漏"给儿子。为了"挖"到技艺，樊均富常常去看望父亲，陪父亲一起摆龙门阵，一坐就是半天。龙门阵里摆的主要还是他当年做糖画的经历和故事，摆到高兴处，父亲便会对儿子无话不谈，有些"秘诀"就在不经意间"漏"了出来。就这样，樊均富将父亲的手艺一点点地记录保存并传承了下来，在以后的长期实践中，他完全掌握了春夏秋冬不同的糖浆熬法和抿、抢、刮片、甩丝等糖画技巧，使自己的技艺有了飞速进步。父亲去世以后，樊均富再也没有顾忌了，就将糖画摊正式摆了出来，并打出了父亲创立的老字号"樊糖饼"的招牌，很快便在圈内产生了影响，得到了社会承认。

樊均富现在每周要出去摆四天摊，主要在街子古镇摆摊，过年过节他也会在市区庙会和一些公园摆摊。他现在有退休金，衣食无忧，

▲ 糖画艺人樊均富　樊均富提供

所以摆摊不是为了赚钱，主要是为了传承，为了让人们不要忘记糖画，不要忘记祖宗给我们留下的老玩意儿，也想让老成都人知道"樊糖饼"后继有人了。樊均富性格开朗，特别喜欢小朋友，有小朋友围观自己的摊位时，他特别高兴，会随手铲几个糖饼发给小朋友，有时还会把插在把子上的糖画送给他们，用他的话说，"一个糖画也用不了多少糖，就是图个高兴嘛！本来糖饼就是逗娃娃的玩意，娃娃是我们糖画的主要欣赏者和消费者，没有娃娃扎起（撑腰，作后台），做起糖画都没有劲，所以，我很喜欢娃娃围观，娃娃越多我越有劲！"

自从打出父亲创立的老招牌以后，樊均富对自己的要求就更严格了，他除了钻研糖画制作技艺，每天还抽出一定时间读文学书籍，特别是中国古典名著，学习绘画，他说，"父亲那个时代的情况不一样，他们没有钱上学，没有条件读书学画，如果父亲能读点书、学几年画，我想他做的糖画川剧人物一定会更生动传神。糖画其实也是一种画，是一种浮雕式的画，只不过他用的材料不是笔墨，而是石板和糖浆而已。当年父亲如果会画画，将所看所想的人物先画在纸上，一定会塑造出更多、更美的糖画人物形象，做出的人物也会更有艺术性。我在继承糖画艺术的同时，也不能因循守旧，还必须结合我们时代的特点、结合现代娃娃们的爱好，创作出我们当代群众喜欢的糖画艺术形象。我就在想，如何能在发扬传统的同时，创作出有时代气息和自己风格的糖画作品？"说着，他拿出了上百张自己创作的糖画作品照片给我看，那些照片中透出的艺术灵气完全把我征服了，从中我不仅看到了大师樊德然的影子，还看到了糖画艺术未来的风采，心中不禁叹道，樊德然的糖画艺术后继有人了！

留青竹刻艺人文小村

　　早就听说过留青竹刻艺人文小村的名字，但当我在桃蹊路怡福社区初见他时，仍然有些意外，只见他正伏案练习书法，桌上摆放着笔墨纸砚和一个留青竹刻笔筒。从他身上的书卷气和桌案上儒雅的摆设来看，总觉得这与他民间艺人的身份有些不符，倒更像一位纯文人。竹刻，因其清雅高洁的艺术魅力，历来受到文人雅士的赞赏与推崇，而"留青"又是竹刻技艺中最考功夫的一个门类，艺人们在0.1毫米厚的竹青层上，发掘出了无穷艺术魅力。

　　文小村1957年1月出生于成都，他爷爷是清朝成渝两地有名的雕花木匠，专门给大户人家做大花床和雕花家具。父亲从小跟爷爷学艺，木工手艺也很精湛，后来成了省建三公司的八级木工，前几年去世，享年九十三岁。文小村幼年丧母，是做木匠的父亲一手将他带大，也将自己的手艺"传染"给了他。文小村自幼对木工活就具有浓厚的兴趣和超人的禀赋。他还很小的时候，爷爷就夸奖他有天分，还叫文小村的父亲要好好教他。高中一毕业，文小村便进某国企做了一名木工。1994年，文小村偶然在一本杂志上读到徐秉方写的文章《精湛的艺术　辛勤的结晶——忆父亲徐素白的竹刻艺术创作》，这篇文章改变了他的人生走向，使他对留青竹刻艺术产生了浓厚的兴趣，从此与留青竹刻结下了不解之缘。

　　留青竹刻又称平雕、皮雕等，是中国传统的雕刻艺术。即以竹子表面一层薄薄的竹青皮作为雕刻图案的对象，铲去图案以外的竹青，露出竹青下面的竹肌，让整个雕刻图形产生图底变化的竹刻艺术。其雕刻方法不仅精巧，而且竹器外表色泽莹润，可以经常把玩摩挲。经年日久，竹青渐变为浅黄，竹肌渐变为红褐，且越来越深沉，光滑如脂，温润如玉，色泽近似琥珀，同时图案部分也越来越清晰突出，色差对比古雅可爱，这便是留青竹刻艺术的魅力。正因为如此，留青竹刻的笔筒、臂搁、匣盒、扇骨等器物，一向是文人雅士们案头必备的摆件和手中的爱物。清初诗人封毓秀在他的竹刻诗里写道："取材幽

▲ 文小村工作照　杨传球摄

篁体，搜掘同参苓。"从这诗里也可看出一件优秀的留青竹刻工艺品是何等珍贵。

竹刻在中国有悠久的历史，但最初古人只是平面雕刻，将图文部分留下，其余部分铲掉，虽然竹皮留去分明，但所刻的纹饰，也只是进行阳文或阴文雕刻，只有花纹的变化，而没有雕刻技法的变化。到了明代，竹青雕刻技法更加完善、纯熟，雕刻时，雕刻大师们通过对竹皮的全留、多留、少留，可以雕刻出深、浅、浓、淡的变化，犹如在纸上作画，有墨分五色的韵味。这一时期，许多竹刻名家都兼精书画，他们从书画艺术中汲取养分，以充实竹刻艺术，无论题材、技法，都与书画艺术紧密结合，将诗书画元素融入留青竹刻，大大提升了其艺术审美境界。但到了清末，竹刻工艺日趋衰微，留青名家不多，佳作也较罕见。进入20世纪后，以常州徐素白为代表的竹刻艺人，与海派画家合作，创造出"薄如蝉翼"的留青技艺，一度衰落的留青竹刻又焕发出了新的生机。四川虽盛产竹子，竹文化、竹刻艺术也很发达，但专门从事留青竹刻的艺人并不多见，而文小村，正是少有的一个有成就的留青竹刻艺人。

文小村自从读到介绍徐素白竹刻艺术创作的文章后，便对留青竹刻艺术产生了浓厚的兴趣，他以自己的木工手艺为基础，开始自学留青竹刻。他找来有关的书籍图片，一边翻看书籍资料，一边对照着图片"临摹"，从做笔筒、扇子、臂搁学起，边读书边摸索留青竹刻。这样自学了几个月之后，他决定到留青竹刻艺术最发达的江苏省去拜师学艺。1995年，他来到了江苏常州，投到一位姓黄的老师门下学艺。黄老师技艺精湛，他不仅教文小村如何选材、加工，如何用刀等技法知识，还教他学习书法，给他讲述书画知识。黄老师常常告诫文小村：要想在留青竹刻上有所造诣，必须在书画上下苦功夫，这叫功夫在竹外。二十多年来，文小村在从事留青竹刻制作过程中，一直把书画当作必修课，他不仅喜欢读有关书画的书籍、参观书画展览，还天天练习书法，以提高自己的艺术修养。文小村对笔者说，"留青竹刻虽与中国书画的原材料、工具使用上有所不同，但它完全可利用中国书画的创作理念、形式及表现手法，'以刀代笔'来体现中国书画的艺术韵味。"

虽然说"功夫在竹外"，但是，留青竹刻毕竟也是一种手工艺品，"手艺"的高低依然是一件留青竹刻成功与否的关键，没有一手过硬本领还是不行的。刻竹首先得会用刀，刻竹握刀一般只用食、拇、中三指，刀与竹面约成45度角，只有握刀的姿势舒服了刻竹才能顺畅。文小村开始学留青竹刻轻重掌握不好，往往吃刀较深，经过反复练习，终于掌握了轻重，每一刀下去，都能刚好刻透青皮，而又不因吃刀过深伤及竹肌，做到深浅一致，使竹肌部分平滑如镜。而要做到这一点，除了手上的功夫外，刻刀的锋利度也很关键，所以竹刻艺人还必须会磨刀。好在文小村做过多年木匠，磨刀的基本功也是有的。但是，竹刻用刀与木工用刀还是不同的，为了保证竹刻效果，他也没有少练磨刀。

留青竹刻是门高雅工艺，所制作的笔筒、臂搁、纸扇等主要销售对象都是文人墨客，市场销路比较狭窄，价格也很难提升，艺人们为雕刻一件作品的付出与收入往往不成正比。文小村从国企辞职以后，就没有了固定收入，为了从事心爱的留青竹刻艺术，又能维持家庭的日常开销，他曾在三洞桥一个经营古典家具的老板那里打工，帮他修复古典家具，挣点工资维持生活。后来，这个店关张了，他便与人联手开了一家竹刻工艺品店，除了经营留青竹刻外，还做一般竹刻工艺品生意，但生意依然不够理想。惨淡撑持了七八年后，只好关门。没有了生意，没有了收入，文小村的压力空前巨大，他每每面对一脸愁容的妻子，都会感到内疚和自责。但是一摸到那些待刻的竹筒、竹片时，一种冲动便会油然而生，他又会拿起刻刀来。留青竹刻成了他生活的安慰，也成了他人生的支撑。有时候，他沉湎在留青竹刻里面，竟一连七八天不出门，妻子知道他的德行，虽然心里不满，也只好由着他。

四川盛产竹子，自古以来，四川人就种竹、吃竹、用竹、居竹、画竹，但并不是说什么竹子都可以用来做留青竹刻，留青竹刻对竹材是有严格要求的。文小村说，"据师父说，毛竹一定不能施化肥，要靠其自然生长，施过化肥的毛竹，竹肌比较松，容易开裂。"为了找到好的竹材，文小村跑遍四川各地，蜀南竹海、彭州、龙泉、都江堰、桂花镇等盛产竹子的地方他都去过多次，常常要到深山竹林里去挑选，寻找那些竹身挺拔、竹节较长、丰满圆润、表皮平整、竹龄三年左右、背阴生长的成竹。为了寻找一根理想的竹子，文小村常常要跑上几十里山路，有时还会耗时一两个月，甚至更长时间。而为了买下几根理想的竹子，他不仅要与当地农民或管理部门磨嘴皮、讨价还价，还不得不省吃俭用，甚至把生活费都搭上。

竹子砍下后，需要当天进行处理。文小村只好租借当地农民的房子、大锅，用来处理竹子。为了抢时间，他顾不上休息，先将竹子锯成需要的长度，然后将大锅盛满清水，加入少量食用碱后进行加热，待水煮开后便放入竹节，煮沸二十分钟左右然后取出，用干布快速擦拭，直至表面由深绿色变成淡绿色后，才将竹子放至日光下进行暴晒。如此折腾下来，早已累得筋疲力尽。几天后，他将处理过的竹子带回家，一进门就急匆匆地找晒竹子的地方，将竹子摊晒妥当之后他才能安心休息。心里想着竹子，文小村在睡觉时还不忘对妻子说："竹子晒的过程中不能沾水，太阳下去后就得将竹子收进来，第二天日出后再拿出去晒，连续晒两年后才能使用，记到没有？"一听说要晒两年，妻子就喔哟一声说："啥子东西哟，要晒这么久呀？"文小村说："这样处理过的竹子表皮才白净，竹肌橙红，是留青竹刻的上乘材料。"事实上，就是按这样的方法，也不是所有的竹料都能用，好多竹料晒白后才发现上面有暗斑，有的暗斑表面不是很明显，去皮后下面会有很深的印记，另外还有一部分开裂的和水槽太深的不能用。忙了两三年下来，一批竹料最后也就三分之一是能用的好料。所以，每年文小村去山里砍竹，都会根据需要多采两三倍的竹材，因为淘汰后，可能才刚刚够用。

文小村在选材用料上从不将就，不仅是选竹子，即使是做竹扇用的销钉，他都不会马虎。传统竹扇用的销钉是用牛角做的，他就到市场上去淘牛角。一只牛角往往要两三百块钱，他也要买回来。买回来以后，经过锯开，真正能用的只有一半左右，剩下的就没有用了。有人曾劝他说，何必要牛角钉，用金属钉不是一样的吗？他说，"不一样，因为牛角钉有韧性，再说，这也是师父传下来的规矩，我不能丢了这个传统。"俗话说，十个匠人九个犟。文小村虽对人温和有礼，但在做竹刻工艺品时，却非常犟，工艺上绝不让步，用料也绝不将就。成本再贵，他也不减少，工序再烦琐，他也要步步走到。有商家曾找他定制一批竹扇，为了节省成本对方提出销钉就用金属制的，文小村坚决不同意，最后宁可放弃这批生意。

宁可不挣钱，也不能糟蹋留青竹刻艺术；宁可饿饭，也不能丢了留青竹刻的这份高雅。这就是文小村为艺的原则。"不言春作苦，常恐负所怀。"正因为他的这种近乎"固执"的执着，文小村二十多年来放弃了很多赚钱的机会，至今他仍过着清贫的生活。老婆为他的这种倔脾气不知数落过他多少回，叫他现实点，不要那么清高。但他一面对自己的留青竹刻，那种清高便又会油然而生。文小村不擅言谈，在我与他交谈的整个过程中，他的视线都没有离开过面前的那个待刻的笔筒。我问他，你的这些工艺品销路怎么样？文小村淡淡一笑道，"不是有句古话说'曲高和寡'吗？像我做的这些留青竹刻笔筒、臂搁、竹匣、纸扇现在还有几个人懂？懂它的人少了，销量当然也就少了。"我说，"那你为什么还要坚持呢？"他苦笑了一下，无奈地说，"得拐（坏）了病嘛，我老婆都这样骂我，有什么办法呢？我就爱上这个了，可以一天不吃饭，也不能一天不刻竹。"

2017年7月，桃蹊路怡福社区成立了"国学中心"，聘请文小村专门从事留青竹刻艺术创作和推广。面对社会对他的信任和肯定，他一身是劲，接连创作出了一件又一件留青竹刻新作，以陈毅的诗《青松》而制作的臂搁，已被陈毅诗词研究会收藏。

工人作家王金泉

　　在20世纪五六十年代，活跃在成都东郊的工人作家中，资格最老、成名最早的除了刘滨、火笛、白杨树，就当数王金泉了，那时的媒体报纸很少，又没有电视，成都就只有《四川日报》和《成都日报》两家，报纸成了人们获取信息的主要来源，也是业余文学作者发表作品的主要阵地。僧多粥少，要想发表一篇作品很难，而一旦有谁发表了什么作品大家马上就知道了，哪怕只有百十个字的短文小诗，也会很快传遍单位或朋友圈子。

　　王金泉，笔名金泉，1938年出生于四川省宜宾市北正街，生父与继父虽然都是卖肉的，没什么文化，母亲却能断文识字，喜欢听川戏、读《水浒》。金泉对母亲有深厚感情，母亲对文学艺术的喜爱也"传染"给了金泉，为他以后的文学之路做了最初的铺垫。在宜宾三中读完初中后，他被保送进入成都294技校读书。1955年他打着赤脚来到成都，从此成都就成了他的第二故乡。1957年从294技校毕业后，金泉被分配到成都电焊机厂（当时叫成都电工器材厂）二车间做了一名电机嵌线工，成为新中国第一代有文化的工人。当工人期间，金泉始终没有忘记读书作文。1958年，他的处女作《星星》一炮打响，在《成都日报》"工农兵文艺"副刊发表，不仅使他一下子成了厂里的知名人物，还被《成都日报》副刊部评为当年的"优秀通讯员"。从那以后，他便与写作结下不解之缘。半个多世纪以来，金泉

◀ 王金泉　杨传球摄

坚持文学创作，即使在最困难的时候也不曾终止写作，至今已在海内外报刊发表作品约一百五十万字。

　　然而，作为一个工人作家，他也尝到了由写作带来的酸甜苦辣。工人作家的帽子带给他荣耀，也曾给他带来许多白眼和麻烦。厂里有些领导对工人写作并不支持，明里暗里指责他不务正业。"文化大革命"期间，他曾遭受到不公正的对待。本来已经是工人的他，还从嵌线工的岗位被"下放"到更艰苦的基建科工地去拉板车，时而还要挨批挨斗，吃了不少苦头，但他从未丧失对党的信任、对生活的信心，一有空闲他还是会自然而然地拿起笔来，将憋在心里的话写下来，不求发表，只求给自己一个安慰，为时代做个记录。

　　"四人帮"被粉碎后，他终于获得了解放，迎来了文学创作的丰收季。1980年他在《成都晚报》上发表散文《什么酿得今夜酒》，获得文学界和读者的好评，著名文学编辑肖青曾给他写信说："我们内部认为这是你这几年来写得最好的一篇散文。我们认为之所以好，是写了你的真切感受，所以情真意切。"编辑的鼓励，读者的认同，使他的创作如泉涌一般，他接连在省市报刊上发表作品，影响越来越大。1984年，他被四川省作家协会吸收为会员，标志着文学界对他成绩的肯定。1988年，成都电焊机厂决定办一张自己的企业报，在物色编辑人才时，王金泉一眼被女厂长罗宝森（全国优秀女企业家）看中，一纸调令将年已半百的他调到《电焊机报》任编辑，结束了他长达三十年的工人生涯。虽然身份只是"以工代干"，还没有真正脱下"工袍"，但总算吃上了笔墨饭，干上了自己喜欢的工作。金泉在编辑岗位上一干就是十一年，直到1999年退休，身份一直是工人。因此，金泉可以说是个"正宗"的工人作家。

在《电焊机报》当编辑期间，是他创作最旺盛的时期。由于有了名正言顺的职务，他的文思如泉水般源源喷涌，写出了大量散文、评论、小说、通讯等，不仅丰富了厂报的版面内容，宣传报道了本厂，而且还为《四川日报》《成都晚报》《四川工人日报》《成都工人报》等报刊提供了大量稿件，发表了大量作品。其间，他除了进行自己的文学创作，还积极参加省作家协会、省职工文学艺术基金会、成都文化宫等单位组织的各种创作活动，积极参加电影评论活动，热情扶植和帮助文学爱好者，利用自己的报纸为他们发表作品。他为人随和大度、宽厚风趣，赢得了文友们的尊敬，成都文学圈的人，不管男女老幼，都喜欢叫他"王大爷"。

写到这里，我忽然想起著名诗人、作家刘滨对他的一段描写：

"一米八的个头，略显清瘦。常常穿一件便捷式夹克装，内里衬衫上，素色领带打得工稳而在行，可见其对人、对事、对生活，是颇有一点信心的。此公不善言辞，说起话来，慢条斯理，文绉绉的，于偶尔的咬文嚼字中，一句话又常被某个'嚼'不烂的字'卡'住，张开的嘴唇微微颤抖，脸憋红了也接不上话茬；不过，待三二秒钟缓过气来，他脱口而出的，往往又是一句颇富哲理和诗意的书面语。为人平实随和。你同他喝茶、共餐，问其想法，他总是那么几个字：随便，要得，可以。他的质朴与憨厚，使你几乎忘记了他的存在；而正是这种宁静恬淡中的忘记，在分别之后，又常常思念起他来。"这一段文字，犹如一幅速写肖像，把金泉勾画得活灵活现。

进入老年的金泉，对家乡宜宾的思念之情常萦于胸，他写下了《宜宾糟蛋的故事》《"宝元通"与宜宾钟楼》《宜宾有条东楼街》等一系列关于宜宾的散文，字里行间流露着浓浓的乡愁，也是金泉近二十年散文内容上的一大特色。与此同时，他还对研究家乡的僰人文化历史产生了浓厚兴趣，写下了《悬棺之谜话僰人》《消失了的僰国》《僰文化的核心是稻作文化》《杜宇时代的"朱提"在僰国堂狼》等几十篇历史散文，受到了文化界的广泛关注，其中不少文章都被境外华人媒体刊载发表，引起了海外华人的浓厚兴趣和热烈反响。

如果从1958年王金泉发表第一篇小说《星星》算起，到2018年他已经整整笔耕六十年了。一个甲子的笔耕，金泉给社会的奉献可谓丰厚，社会对金泉的评价也赞美如潮，他曾在省市举办的多种文学比赛、影评比赛中获奖，他的名字已被写入了《成都文学志》。文学评论家张义奇谈到他的作品时写道："我以为金泉散文中的小品文倒像是一粒粒不可多得的珍珠。这些短文信笔写来，天然成趣，抒写非常自如，亦富有知识性……好似嚼了一颗口香糖，韵味无穷。"作家蒋维明读了王金泉的散文后写道："画意诗情，引人入胜。其中，一些篇章里作者又钩沉释幽，从古籍和传说中取材，融入字里行间，娓娓动听地介绍一些名山胜迹的历史风尘、文化沉淀，使得他的散文兼具相当的知识性和文化厚重感。"著名作家雁翼对金泉给予了高度评价，他写道："读了你的信和多件文稿，思绪多多，敬佩你勤奋写作，为中国文化振兴民族迎难而为，这是那些为钱为名之所谓文人做不到的。"由于金泉在文学创作中取得的成就，1997年，四川省总工会、四川省职工文学艺术基金会授予他"八五期间四川省'五一文学艺术奖'"。

回顾自己半个多世纪走过来的坎坷文学路，金泉不无感慨地说，"进厂做工四十余年，是工人又是省作协会员，所谓'工人作家'称谓，于我倒是恰如其分的。"金泉作为工人作家，几十年来笔耕不止，到底在国内外报刊上发表过多少作品难以准确统计，好在《金泉文集》已经出版，使作品不致因年久而散失，也算留给东郊的一个记忆了。该文集全套共六册，分别是：《什么酿得今夜酒》《成都有个圣灯寺》《悬棺民族的故乡》《一代人的记忆》《僰道传奇》《弧光明灭》。

魔方"老玩童"饶道宏

　　说到玩魔方，一般人自然就想起小娃娃或者年轻人，绝不会想到五六十岁的老人还会痴迷魔方，但是我所要写的这个魔方玩家，恰好不是年轻人，他早已年过花甲，这个人就是桃蹊路桃源社区的退休工人、老党员饶道宏。

　　改革开放的第一年，饶道宏还是成都某国企的学徒工，在这一年他第一次看到了魔方。虽然已经过去了很多年，饶道宏至今提起那时的情景，还显得很动情，他说："四十年前的1978年，那天我记得很清楚，我们车间有个师兄带来个六面体彩色方块，显得很得意地当着大家的面拧来拧去，我觉得很神奇，就也拿过来玩，或许是我前世就与魔方有缘，魔方一到我手，就有种爱不释手的感觉。我拧了几次后，就问他这玩具叫什么名称？他说叫魔方，要把它复原成六面一个色才算成功。我这是第一次听到魔方的名字，觉得这么小的东西竟能千变万化，立即被它吸引住了。我又问他从哪里买的，多少钱？他说从广州买的，进口货，几角钱吧！别人看个稀奇过后也就算了，我却再也放不下了。那一晚我连觉都没有睡好，辗转反侧一直都在想那个魔方。第二天一上班，我就找到那个师兄，问他可不可以把魔方转卖给我？那师兄一听到这话，便毫不犹豫地一口拒绝了我，以后再怎么'编（找理由）'都无济于事了。这事虽然让我很扫兴，但对于魔方的渴望也从此在心里扎下了根子。"

　　之后，饶道宏便像"害了病"一样，一闭眼便会想起魔方。但当时，改革开放还处于刚起步状态，对外开放的大门还没有完全打开，像魔方这样与民生关系不大的商品进口还很少，成都的市面上根本看不到。饶道宏为了买到一个魔方，每天一下班就在成都各大商场、玩具商店以及自由市场转悠，这样转悠了大半年，也没有找到魔方的影子。

　　转眼间1978年过去了，1979年来到了，就在他对魔方的渴求快要心灰意冷时，有一天他陪女朋友逛街，在青年路一个卖服装的广州老板的摊位上，发现了"新大陆"。当时女朋友正注意摊位上挂的各种服装，饶道宏却在无意间看到了那摊位下有一个魔方，他的眼睛顿时亮了起来，心跳也加剧了。但是这是个服装摊，那个魔方会不会是老板自己留着玩的？他不敢确定老板会不会卖这个魔方。但他又不愿放弃这个机会，就大起胆子问那老板，你那魔方怎么卖？老板愣了一下，接着便大声说道，六元！现在听来六元不算什么，但是在当时六块钱却不是个小数目。那时，饶道宏还是学徒工，每月工资只有十八块五角，六元可是一个月工资的三分之一呀！饶道宏与老板讲起了价钱，可那老板是个生意精，早就从饶道宏脸上看出了他的心思，知道今天遇到个"傻"的，不刮他刮谁！老板分文不让，一副吃定了的表情。饶道宏正在犹豫，身边的女朋友拉着他说，丁丁儿（一点儿）大个方方（立方体）那么贵，太划不来了，走！当时正处于热恋中的饶道宏怎敢得罪女朋友，只好一步一回头望着魔方走了。可是，他回到家后，心里依旧放不下那个魔方；晚上睡觉，做梦都梦到那个魔方。思来想去，他横下心来，第二天一下班，就一个人悄悄来到那个广州老板的摊位前，掏出六元钱，将那个宝贝魔方收入囊中。时隔多年，提起当年自己为买魔方不要命的样子，他还会哈哈大笑。

有了自己的魔方，饶道宏从此入"魔"了，他时刻将魔方带在身上，一有空就会拿出来拧几下。刚开始不懂魔方的规律，只能凭感觉拧来拧去，左转、右转，上拧、下拧，拧了半天，往往也只能复原一个面。有时候想再复原一个面，接连再拧几下，谁知刚完成的那个面又被拧乱了。他苦思冥想，却始终不得法。就在他为此苦恼之时，有人告诉他，《科技探秘》杂志刊登了一篇有关魔方奥秘的文章，你可以找来看看。饶道宏问了该刊在哪里可以买到、此文登在哪一期后，马上就骑车到邮局的报刊门市部去买。不料，跑了几个邮局都没有找到那期《科技探秘》。功夫不负有心人，最后，他跑到暑袜街邮电局报刊门市部，但书架上依然没有这本杂志。他不甘心，就问营业员能否找到这本杂志？营业员想了想说，好像刚下架，我到里面去给你找找！说着就进了里间。过了没多久，营业员终于拿着那本《科技探秘》出来了，告诉他，只有这一本了！饶道宏接过杂志，如获至宝，立即付了钱，并千恩万谢了营业员，便带着杂志回家了。

回家以后，他迫不及待地翻开杂志，连夜研读。读完之后，他才知道，魔方的复原是有规律的，而这个规律就是文章中提到的一个公式，只有掌握了这个公式，才能将魔方玩转。他一边读，一边就拿出魔方拧，边学边拧，边拧边学，他才搞懂了魔方不能一面面复原，而只能一层层复原，最后才能达到六面清一色。掌握了正确的方法，他终于第一次实现了六面全部复原。第一次成功极大地鼓舞了他，他的兴趣也因此更浓了。几年下来，他那"入门款"的第一个魔方，已被玩散了架。好在魔方也不是什么稀罕物了，成都有了魔方专卖店，饶道宏又买了几个"三阶"衍生出来的新款魔方——"镜面""二阶""粽子""金字塔"魔方。买回来后就反复研究复原，在探索中收获着一个个惊喜。

饶道宏痴迷魔方，但他并未玩"魔"丧志。那时候他还是车间团支部书记，正在积极要求进步，不仅工作时间绝不玩魔方，他也不把魔方带到厂里去，这是他自己给自己定下的规矩。正因为如此，所以当时很多同车间的师兄弟都不知道他会玩魔方，直到近两年看到成都电视台2套、3套、5套节目先后播报了他玩魔方的节目，又从报纸上看到了关于他玩魔方的报道，才知道饶道宏身上还藏了这么一个"绝技"。有些师兄弟还因此打电话兴师问罪，说他"潜伏"得够深，为什么不教教我们，让我们也玩玩？他哈哈一笑说：不值一提，只是业余爱好者而已。

转眼间四十年过去了，四十年来，他痴心不改，每天都与魔方打交道，研究其中的奥秘，一天不摸魔方便心欠欠的。魔方对于普通人，就是一个智力玩具，可对于他，已经不只是用来玩的，而成了他生活、事业的重要内容。他现在除了玩魔方、研究魔方，还要收藏魔方，只要看到喜爱的魔方，不管多贵，他都会收入囊中。如今他的藏品已达两百多个。笔者在他家中看到，一个两米八高的柜子里，整整齐齐、密密麻麻摆满了各种魔方。他打开柜子，一边给我看他的藏品，一边介绍道："这是紫荆花魔方，应该是我收藏中最复杂的。买回来照着公式，研究了好几天才复原。"他又指着柜子里的另外几个魔方一一介绍道，"这是目前我收藏的最高阶的魔方——十一阶魔方，花了五百八十元买的，这几个是粽子魔方，从二阶到五阶都有。"笔者问他，你收藏了这么多魔方，都玩得转吗？他霸气十足地回答，"那是当然，如若我都不会玩，光收藏还有什么意义！"在他收藏的魔方中，除了常见的正方体外，还有十二面体、三角形、球形、蛋形、菱形……好些种类一般人见都没见过。就在他自豪地介绍他的"二百大将"时，旁边的老伴忍不住笑骂道："哼！当初背着我买魔方，我还没理抹（惩治）你，现在越来越不像话了，又买了这么多，起码也花了一万多了吧，吃又吃不得，有什么用！"饶先生笑着回道："你就知道吃，各人爱好不同嘛！"转过头，他老伴又对我

▲ 饶道宏　杨传球摄

说，"管他的，喜欢就等他买，只要他高兴就好！"

除了收藏各种魔方，饶道宏还收藏了"孔明锁"等中国传统益智玩具，如"伤脑筋12块""七巧板""华容道""九连环""T字之谜"等，应有尽有，并玩得溜溜转。为将自己琢磨出的经验公式留存下来，他特意买了台打印机。"伤脑筋12块"这个玩具的9000多种拼法，他用制图软件把解法绘制出来，并配上文字，发给外地"魔友"，他们也赞不绝口。上海有两位专门研究"伤脑筋12块"的同行，也先后慕名到成都拜访他。"T字之谜"他自己就研究出488种拼法。如今他又迷上了"数独"。"数独"是源自18世纪瑞士的一种数学游戏。玩家需要根据9×9盘面上的已知数字，利用逻辑和推理，在其他的空格上填入1—9的数字。每个数字在每一行、每一列和每一宫中只能出现一次。虽然饶先生给笔者讲了几遍，但笔者依然如云里雾里。可见，这类玩具对智商的要求不是一般的。

饶道宏不仅魔方玩得好，还是个社区公益活动的热心人，为了丰富社区生活，让更多的人接触魔方，他在桃源社区的支持下，利用寒暑假开班，免费教附近的中小学生复原魔方。他来者不拒，只要愿意学的，不管是孩子还是老人，他都热心传授。为了把自己的经验传授给学员，饶道宏总结自己几十年学习魔方的经验，自编教材，把课讲得妙趣横生、通俗易懂。有些带孙子来学魔方的爷爷奶奶们，也染上了"魔瘾"，就跟着孙子一起学，有好几个老人竟然学会了玩魔方。为了解惑授业，因材施教，饶道宏还在学生中公布了自己的QQ和微信号，任何时候，只要有人求教，他都会耐心解答。在帮助别人时，饶道宏也收获了最大的快乐。

　　玩魔方几十年中，饶道宏悟出了一个道理，人生有如魔方，个人的命运掌握在自己手里，小小的魔方可以玩出不同的花样，短短的人生也照样可以在自己手里出彩。已经六十四岁的饶道宏，乐观热情、精力充沛，对生活依旧充满了童真和好奇心，什么都想试试，这或许与他玩魔方不无关系：玩魔方需手、脑、眼并用，对锻炼人的思维能力、反应能力、记忆能力、手指的灵活度很有好处，不仅益智，还有一定保健作用。人老属于客观规律，但如何活得快乐、健康却需要智慧。

申会：舞动的美丽人生

说起肚皮舞，很多人自然都会联想到舞娘妖娆的身段、妩媚的眼神、不断抖动着的丰满的肚皮，还有变化多端的手势，虽然也觉得很美，但一般女性不敢轻易尝试学习。2014年，在北京举办的世界肚皮舞锦标赛上，当申会一举夺得中年年龄组第二名的消息传来时，很多朋友都为她的勇气感叹！当时她已经四十七岁了。

申会原是川庆石油钻探公司的采集工。采集工整天在野外跋涉，日晒雨淋，是个苦累的岗位，按规定女性可以四十五岁退休，2011年，四十四岁的申会提前几个月退休了。和大多数刚退休下来的人一样，一下子离开紧张忙碌的工作，回到家里过悠闲舒适的生活，她觉得很不适应。除了上街买菜，整天就窝在家里煮饭、炒菜、做家务、看电视，这样的生活过了一年，她发福了，体重增加了十多斤。申会是个很爱美的女性，对镜子一看自己的腰围变得这么粗，就有些紧张，心想这样下去怎么得了？她决定换一种生活方式，让自己的退休生活丰富多彩起来。她想起自己以前看过的肚皮舞，觉得那太美了，早就想学，只不过当时在上班，一直没有时间学。现在退休了，整天无所事事，为什么不把年轻时的梦想找回呢？

肚皮舞有一个正规的名字——东方舞，也称为埃及舞。在埃及、伊拉克、土耳其等中东国家，它的普及率很高，在人们生活里占有非常重要的位置，一听到音乐，人们就会随着节奏翩翩起舞，非常快乐自在。不过，肚皮舞传到我国的时间很短，很多人对它还有些误解。申会学肚皮舞除了想找回年轻时的好身材，丰富自己的精神生活，把自己塑造成一个气质出众的肚皮舞高手之外，还想做一个教练，办一个肚皮舞培训班，教更多的中年女性跳肚皮舞，满足她们追求美的梦想。

说干就干，她买了些肚皮舞的影碟，又从网上搜索出有关肚皮舞的视频，对照着反复看、反复练，跟着视频一个动作一个动作学，常常一练就是半天，练得一身汗淋淋的，虽然很辛苦，但是她全然不觉得。这样闭门练了一段时间后，她想找业内的朋友给自己看看，看自己跳得是不是那么回事。没想到，当自己跳完一曲后，朋友竟然摇摇头，说她跳的不像肚皮舞，没有肚皮舞的味道。这让她觉得自己光闭门苦练不行，还是应该到正规学校学习培训才行。于是，她上网从众多肚皮舞培训机构中，找到了北京的一家培训学校，报了一个肚皮舞教练班。

2012年10月，申会告别家人，拖着旅行箱，只身来到北京学习舞蹈。一看班上的学员，除了自己是个四十多岁的中年妇女，其余的都是二三十岁的年轻女子，心里多少有点紧张。申会一进教室，便能感觉到来自同学的含义复杂的目光，那意思仿佛在说：你年龄都这么大了还敢来学肚皮舞！申会虽然也有如芒在背之感，但她是个坚强自尊的女性，她心中暗暗说道，我会在你们面前证明我自己的。

进了舞蹈学校后，申会非常刻苦。那年11月底，北京下了一场大雪，申会住的地方离培训班很远，她一路冒着寒风，踏着积雪，鞋子湿透了，脚也冻僵了，但她没有退缩回旅馆，依然按时到校学舞。

肚皮舞对身体的"分割度"要求很高，刚接受训练时，尽管申会曾业余跳过多年舞蹈，但身体仍然不听话，为此，她每天都要练十几个小时。练得太累了，中午就躺在教室的地板上睡一会，下午又接着练。虽然很累很苦，但这个石油工人出身的女子，根本就没有把练功这点苦当回事，每当累了，她心里就想，这有我们顶着烈日、沐着风雪在大漠荒野里找石油苦吗？想到这里，她就更拼命地练起来。

作为一种优美的身体艺术，肚皮舞通过骨盆，臀部，胸部和手臂的旋转以及令人眼花缭乱的胯部摇摆动作，用优雅、性感、柔美的舞蹈语言，充分展示出女性身体的阴柔之美。没有经历过那个蜕变过程永远也体会不到，当有一天，她突然知道了收腹夹臀是什么感觉；有一天在做推胯时突然发现自己能将胯部推过肩膀；有一天突然发现脖子可以左右移动；有一天突然发现自己脑袋里已经记住好几支舞蹈的动作，那时候她心里的惊喜、快乐和苦尽甘来的感觉，真是用任何语言都无法表达了。

正当她沉浸在舞蹈的美梦里时，忽然从家乡四川传来了一个噩耗：父亲去世了！女儿最爱的就是父亲，突如其来的噩耗像晴天霹雳几乎将她击倒。她马上跟学校请了假，赶回家里，虽没能与父亲做最后的诀别，却也算尽到了一个女儿应尽的孝道。送走了父亲以后，她迅速返回北京继续学习肚皮舞，袖子上还戴着孝，就又投入到紧张的肚皮舞学习中。她练得那么投入、那么疯狂，仿佛什么事都没有发生，可是一到下课，一个人回到住处，想起父亲，她又忍不住泪流满面了。三个月过去了，谁都没有想到，班里的这个年龄最大的学员竟第一个通过考试，以优异成绩毕业了，拿到了她梦寐以求的肚皮舞教练资格证书。

2013年1月底，申会从北京学成归来后，并没有马上开设自己的肚皮舞培训班，而是积极参加公益活动，在后子门成都体育场举办的一场慰问抗战老兵的大型公益募捐演出中，她登台一展舞姿，便赢得了如雷鸣般的掌声。就是这掌声，让她感觉到了自己的人生价值。之后她组建了自己的"遇见彩虹"舞蹈队，最初舞蹈队只有七个成员，在一个由企业举办的"盛大惊喜"的舞蹈比赛中，她们这支刚组建的舞蹈队竟获得第二名。之后，她的舞蹈队增加到十一人。平时除进行训练和参加各种比赛，还经常到社区、养老院为居民和老年人进行公益演出，还多次为残疾人演出。

之后，她开始在成都的舞蹈培训机构担任肚皮舞教练的工作，她一心想把自己在北京学到的技艺回报给社会，培训出更多肚皮舞舞者。她曾在成都多个肚皮舞培训班担任教练，帮助众多肚皮舞爱好者实现梦想，不仅教给她们一身好"舞艺"，让她们可以用舞蹈尽情抒发自己对美好生活的激情，还帮助不少中年女人找回了苗条的身材，提高了她们对生活的自信。一个曾跟申会学习过跳肚皮舞的中年女士说："自从跟着申教练学跳肚皮舞，我的体重减轻了二十多斤，从一个胖子变得苗条了许多，就像又回到了年轻时一样，使我恢复了对生活的自信，从一个社会活动的消极旁观者变为了一个积极的参与者。"2013年，申会获得了北京"央都文化"授予的"优秀肚皮舞教练"称号。

经过一段时间的思考和调查后，申会决定开设一个自己的肚皮舞培训班。她先租借别人舞蹈学校的教室开设了肚皮舞教学班，向社会招收肚皮舞学员。就这样，她有了自己的天地，并以全新的状态再一

▲ 正在参加比赛的申会　申会提供

次投入肚皮舞培训事业中。每一节肚皮舞课，她都认真备课，从音乐的剪辑到动作的分解，每一个环节，都尽量做到极致。

"宝剑锋从磨砺出，梅花香自苦寒来。"2014年，在北京举办的世界肚皮舞锦标赛上，申会一举夺得中年年龄组第二名。2016年，四川电视台举办"耀舞扬威"舞蹈比赛，申会入选，她的节目同时被电视台播出。之后，四川电视台"闻香识女人"栏目对她进行了专访。2017年，四川电视台又对她进行了两次专访。申会的知名度提高了，在肚皮舞圈里她成了名人，经常都会出席各种演出和社会活动，但是她为社区居民无偿服务的热情一点也没有减少，她依然是桃源社区的文艺志愿者，社区如有什么活动需要她参加，她从来都不会缺席。

　　在谈到自己练舞的体会时，申会说："学习肚皮舞是件快乐的事情，它让我的人生多了一种色彩，也给予我自信与勇气。每一次跳舞，不管是否跳得精彩，我都必须十分投入。走在路上听着音乐，我也会不由自主地踩着音乐节拍走路。失败时、生气时，悲伤时，我会对自己说：跳跳舞吧！只要一跳起肚皮舞来，我立刻就会忘记一切烦恼。舞蹈让我找回了青春，有舞蹈的人生格外美丽。"从退休回家，到迷恋上肚皮舞；从一个普通的石油工人，到一个出色的肚皮舞教练；从无人知晓，到舞耀四方……申会用自己的努力奋斗，在漫漫人生路上携梦前行，用舞蹈演绎着美丽的人生。

柳下桃蹊，春色纷纷到人家

　　这一章的标题，取自宋代秦观的词《望海潮·洛阳怀古》，我只化用了上阕的最后一句："柳下桃蹊，乱分春色到人家"。这句词的大意就是柳荫下的桃花小径，乱纷纷将春色送到万户千家。此处"乱"字用得极好，它将春色无所不在，到处呈现着万紫千红的热闹图景生动地描绘了出来。进入新世纪的桃蹊，迎来了最好的发展时期。"忽如一夜春风来"，千树万树"桃花开"，高楼拔地而起、道路四通八达、经济文化繁荣、社区欢声笑语，桃蹊不再是往日的那个老八里庄，经历了"统征""东调"的桃蹊，展示出了青春的魅力，她仿佛"西施"重生，美得简直叫人不敢相认了！改革源自人民、改革为了人民，不管是"统征"还是"东调"，目的就是让老百姓生活得更幸福，让所有的人共同分享改革的春色……

"统征"让桃蹊旧貌换新颜

　　说到桃蹊路的变化，老住户都不会忘记1994年的那次"统征"。所谓"统征"，就是统一将农村土地进行征用的意思。正是这次"统征"，给八里庄带来了前所未有的发展机遇。

　　笔者曾在锦江电机厂工作，工厂与八里大队只隔一条厂北路，站在窗户前就可以看见八里大队的田地。20世纪80年代，每到工厂下班时间，门口开始出现小菜摊，都是附近的农民摆下的，每个摊摊儿前都摆着自家自留地里产出的蔬菜，甚至还有鸡蛋、活鸡，等着职工们挑选。这种自发的自由市场在80年代非常盛行，很受职工欢迎。工厂门卫也睁一只眼闭一只眼，只要不是太靠近厂大门就不管，市管会更管不到这里来。职工一出门，便会一拥而上，将菜摊包围起来。他们跟农民一边讲价，一边挑选菜蔬。在这里买菜价格比市场上低，而且非常新鲜，既可以用钱买，也可以用粮票换，所以很受职工欢迎。职工顺道买了菜，回家做饭就省了时间；农民卖了菜，也有了买油盐酱醋的零花钱，大家都方便。这种情况持续了很长时间。20世纪90年代，政策放得更开了，农民不仅是在厂门口摆点菜摊，还开起了"苍蝇馆子"，有些职工嫌工厂食堂的饭菜不好吃，就经常光顾这些小馆子。渐渐地，工厂门前的田地不再种庄稼了，干脆在地里盖起临时房子，摆摊做起了生意。一时间，临厂北路的田地，不知不觉间都搭建起了饭馆和商铺。做生意来钱快，比种庄稼实惠多了，穷了多少辈的农民眼见面前有了赚钱的机会，谁愿意放弃呢？这就是"统征"之前八里庄一带的现状。

1994年，成都市人民政府根据成都市发展的需要，做出了对八里大队土地进行"统征"的决定。其实，在这之前两三年，"统征"的风声就已传得沸沸扬扬，不少农民已无心种地，做起了小生意。而附近的平安大队早就开始"统征"了。尽管如此，消息正式传来还是引起了强烈反应，年纪大的农民普遍有顾虑，不知道今后的生活有无保证。而年轻的农民都非常激动，有的人说："总算可以拿到城市户口、脱掉'农袍'了，从此告别'脸朝黄土背朝天'的日子，以后也可以与对面工厂里的工人一样上班挣钱、过城里人的生活了！"还有些人前几年就已经半公开做起了小生意，早就想卖地分钱了，对"统征"更是高兴。

政府的决定公布以后，村、队领导都被集中到圣灯乡开会，学习文件精神，当时这是按政治任务安排下来的，完成任务也有时间规定。区政府要求各村、组干部要做好农民的工作，向农民原原本本传达文件、讲明政策。八里村及各组的干部接到任务后立即对群众进行动员，宣传"统征"政策。

做好农民的思想工作成为"统征"能否成功的关键。土地是农民赖以生存的根本，许多人家已经在这里生活了好几代，他们很多人已经与这里的土地融为一体，土地关系着他们的身家性命。突然面对这样的"统征"，让他们搬出这片祖祖辈辈生活过的土地，不光是感情上难以割舍，还有为今后家人生计的担忧，尤其是老人们更是顾虑重重。为了做好农民的思想工作，乡、村干部下到村民小组，深入到农民家中，给他们解疑释惑，讲解"统征"的意义，要他们相信党、相信政府，并给他们描绘今后美好生活的蓝图，最终基本做通了农民的思想工作。

接下来，有关搬迁的具体政策就出台了，主要是经济补偿、住房安置和生活就业问题。据曾任平安大队妇女主任、77岁的李胜珍回忆，当时，上级规定，16岁以上的社员每人补贴1.4万元，40岁以上的补贴2万元，土地附着物按人均每人补偿1.25万元，住房每户按8万元补贴。这从当时的物价水平看来，还是比较合理的。愿意搬进政府安置房的，分批安置。有些安置房修在龙潭寺那边，搬去的人不多，不少人选择了现金补贴。尽管大家都觉得补偿少了点，但也能体谅到国家的困难，村民们最后还是接受了。

人员安置是"统征"中的另一个重要问题，涉及社会稳定，是"统征"能否成功的关键。失去土地的农民往哪里去？根据当时的政策，对"统征"失地后的年轻人愿意就业的，政府给安置工作，女性年龄在50岁以上、男性在60岁以上的就按退休人员处理，每月发给养老金。政府鼓励失地农民联办或自办商铺、企业，自主灵活就业，并给予一定的政策优惠。年轻点的人刚开始时对进厂工作很有兴趣，政府就与周围的几个大企业成都量具刃具厂、锦江电机厂、成都石油总机厂等单位联系，替他们找适合的工作，三四十岁的人，一般安排服务性的工作，比如劳服司、三产公司，做花工、基建、清洁工等，二十岁左右的年轻人就安排进车间当工人。一下子从农民变成了工人，穿上了工厂的工作服，月月到时候领工资，开始他们都很兴奋。但工厂严格的组织纪律性也让他们感到很不适应，这才知道"条条蛇都咬人"，当工人也不容易。有些人没有干多久，就辞职出去自谋职业，大多做起了生意。也有少数年轻人，在工厂坚持了下来，成了技术工人。

随着土地的"统征"，桃蹊路也迎来了发展的机遇期。"统征"后，桃蹊腾出的成片地块的规整优势、生态环境优势，吸引了有眼光的房地产商的目光，他们纷纷拥入桃蹊进行考察，准备在这里大干一场。一时间，来此看房、看地的人络绎不绝，使桃蹊成了房地产商集中抢地的热点。随后，陆续修通了桃蹊路、双建路、文德路、怡福路、新风路等，八里小区初具雏形。不久以后，房地产投资项目纷纷开工，在昔日的农田上盖起了一幢幢高楼和商贸中心，建成了一个又一个新型居住小区，商业服务业快速涌入，物流配送、金融商贸、旅游休闲也随即跟上，主要道路实现了通行公交车。"统征"后的桃蹊整体已经得到了极大的升值，原来的农村环境得到了根本的改观。

土地"统征"之后，1998年，成华区进行区划调整，同年6月，桃蹊路街道办事处成立，将原为圣灯街道办事处的八里庄村地域及府青路街道办事处和二仙桥街道办事处部分地域划入桃蹊路街道管辖范围，并定名为"桃蹊"。桃蹊街道办成立当年，八里庄社区还处在建设阶段，基础设施很不完备，为了方便居民生活，吸引投资，街道办立即投入资金六万元，在二环路东一段建农贸市场一个。之后，又组织人力财力陆续设立商业、服务业、医药等服务点五十余个。2005年，被区委、区政府确定为全区社区服务试点单位，建立了法律援助站、老年协会、残疾人协会、文艺宣传队等社区服务体系，新增副食品、修理业、美容美发、棋牌室、家政服务等社区服务网点二十九个。

柳下桃蹊，春色纷纷到人家

　　新世纪的到来，桃蹊进入真正的转型期。昔日的大国企陆续从桃蹊迁出，农村整体转型为城市，新型的宜居小区基本建成，桃蹊生态文化建设初见成效。今天的桃蹊已经进入到经济文化快速发展的全新阶段，一个繁荣、生态、宜居的新八里小区基本形成，实现了八里村"统征"之后的又一次跨越。当年失地的农民很多都做起了生意，有些还发了点财，早已从当年的安置房搬出，在成都的高档楼盘买了房。过得一般的，也比以前好上了百倍，不少家庭还购置了私家车。回顾当年"统征"时曾有过的顾虑，一些老住户笑道，那个时候哪个想得到会发展得这么快，真是做梦都想不到这辈子还买得起轿车。

▲ 俯瞰桃蹊路　刘吟摄

　　日子过得好了，居民对文化娱乐的需求也与日俱增，街道办为满足居民对提高文化素质的需求，在怡福路300号和二仙桥西路5号原石油总机厂旧址内分别建立了"桃蹊街道文化活动中心"，在新怡路30号开办了"社区教育学校"，与毛边书局联合开办了"毛边书局桃蹊书院"等。除此之外，社区搭台，群众唱戏，各个居民社区还经常举办各种文化活动。桃源社区、怡福社区每年都要举办几次社区居民文化艺术节，由社区居民自编自导展示社区本土风情的节目，吸引了上百名社区居民观看。热闹欢快的舞蹈、古韵十足的戏曲……丰富多彩的文艺节目，给居民们带来了一道道社区文化大餐。其他社区也常常组织这类居民自娱自乐的文化活动，跳广场舞、搞书法绘画展、趣味游戏等。每逢过节，桃蹊街道到处都有文艺表演，各社区汇成了欢乐的海洋。通过开展内容丰富、形式多样的群众性文化活动，缩短了邻里距离，消除了邻里之间的隔阂，营造起了幸福和谐的社区氛围。

　　回顾桃蹊路的历史，最深刻的变化是从1994年的"统征"开始的，没有那场声势浩大而刻骨铭心的"统征"，就不会开启八里庄后来的发展。"统征"给农民带来了更多的机遇，给桃蹊带来了巨大发展。"统征"之后，桃蹊真正"换了人间"。

开放共享的社区教育

2018年7月22日上午，在成都华西中学体育馆内，一个盛大的桃蹊路社区教育学校结业大会正在举行，来自桃蹊路社区教育学校的学员和桃蹊路辖区的居民一千余人参加了大会。在会上，社区教育学校的学员进行了汇报演出，向街道领导、各方面来宾、社区居民和全体教职员工奉献了精彩的舞蹈、大合唱、小合唱、独唱、诗朗诵等节目，美术、书法、摄影班的学员展出了自己创作的作品，受到观众的热烈欢迎和高度赞扬。谁能想到，那些曼妙的舞蹈、优美的歌声，竟都是出自年逾半百，甚至年逾古稀的老人们！在他们中间，有些几年前还是除了带孙子、去菜市场，连家门都少出的老人，有些是天天跑医院、与药罐子为伴的病秧子，是社区教育学校将他们领出家门、引入社会，让他们在参与社区文化活动中找回了快乐、找回了健康、找回了第二次青春。

为贯彻落实《国家中长期教育改革和发展规划纲要》提出的"广泛开展城乡社区教育，加快各类学习型组织建设，基本形成全民学习、终身学习的学习型社会"的要求，进一步推动社区教育持久深入发展，更好地发挥社区教育在构建终身教育体系、建设学习型社会、提升市民综合素质工程中的重要作用，2007年，桃蹊路街道创办了社区教育学校。从创办至今，该校已培养学员九千余人，提高了居民的文化素质，改变了社区居民的精神面貌。学校现开设有电脑、智能手机、微电影、英语、摄影、营养、编织、象棋、国学、书法、国画、工笔画、西画、剪纸、声乐、各类舞蹈、时装、瑜伽、太极拳、柔力球等32个课目，共有4所分校，65个班，7个教学点，50多名教师，在校学员2800名，教师均为热心公益事业的志愿者。

2011年，成华区人民政府提出《关于进一步加强社区教育工作的意见》，《意见》指出，发展社区教育是适应社会主义现代化建设要求和可持续发展的需要，是建设学习型社会构建终身教育体系的基础工程，是实施市民素质提升工程的一项重要工作。大力推进社区教育是建设"生态成华、现代成华"、"中西部综合实力一流城区"和实施"1413"产业发展战略的需要。社区教育的指导思想是：以党的十八大、十九大精神和"习近平新时代中国特色社会主义思想"为指导，以安民、便民、惠民、富民、乐民为着力点，立足社区、面向社区、依靠社区、服务社区。努力提高社区教育工作的创造力、凝聚力，不断完善适应社区建设和社区成员学习需求的社区教育管理体制、运行机制和教育培训模式，促进社区教育更好地为全区经济社会发展和构建和谐成华服务。

多年来，社会教育学校通过教学活动，大力宣传党和国家的方针政策，认真学习习近平新时代中国特色社会主义思想，宣传国家各类法律法规，配合街道、社区积极开展各类文化宣传活动和维护社会稳定，通过教与学提高了居民群众的文化科学知识，丰富了居民群众的业余文化生活，倡导引领了健康的生活方式，为创建安全健康、和谐的社区发挥了重要作用。将社区教育学校办成了"学有阵地、玩有项目、乐有舞台"的老年乐园。从开办社区学校至今，学校坚持对学员免费培训。学校所有教学点、所有课目全部免费供市民学习，市民可以根据自己的兴趣爱好任意选择。残疾人如想参加学习，还可以获得培训补贴。学校拥有五十多名经验丰富的各学科教师，他们中有退休的教师、工程技术人员、机关干部和画家、书法家、摄影家、音乐家，也有年轻的大学生、在职的干部职工，他们有一个共同的名字：热心公益事业的志愿者。他们无私奉献社会的精神，本身就为市民树立了榜样。

　　社区教育学校的教学形式丰富多彩，既有课堂上课，也有课堂外的活动，既有书本知识，更有丰富多彩的社会知识。学校每年都会组织桃蹊路街道老年大学的学员进行街头演出，虽然是学员演出，但是

▲ 社区教育学校暑期结业大会上学员在表演大合唱　杨传球摄

老协会员也可以参加。演出内容围绕当时街道党工委的中心工作，有歌有舞，也有说唱节目，其中很多节目还是自创的，对于宣传党的中心工作，团结社区群众，丰富社区文化生活，鼓励老年人参与社会活动，起到了很好的作用。每年7月，学校还在华西中学举行学员结业大会并进行学员汇报演出，场面非常热烈，受到居民的普遍欢迎。通过在社区教育学校的学习，很多老年人的精神面貌发生了变化，他们走出封闭的小天地，勇敢地融入大社会，孤独的人有了很多朋友，自卑的人变得乐观自信了，整天与药罐罐为伴的人成了运动达人，独居

▲ 社区教育学校电脑班的学员正在上课　杨传球摄

老人找到了新的伴侣，他们不仅学会了跳舞唱歌，运动下棋，还学会了电脑、学会了上网，学会了使用智能手机，不仅知晓国家大事，买菜时也会使用手机扫码支付，从此，再也不会被儿孙嘲笑了。

社区教育作为市民教育的一个重要载体，对于保障和满足社区居民学习的基本权利和终身学习的需求，推动社区精神文明建设，促进社区可持续发展以及建设现代文明社区具有重要的意义。在终身学习的理念指导下，桃蹊街道大力推进学习型社区建设，积极促进学习型家庭的形成，鼓励居民终身自学，实现社区教育的共享、共建、共管，初步形成了具有区域特色、开放共享、便民惠民的社区教育体系，使每个居民都能在自己所居住的社区找到一张属于自己的课桌。

2012年，桃蹊路社区教育学校被评为"成都市规范化社区教育学校"；同年，桃蹊路街道被评为全国社区教育示范街道。2014年，桃蹊路社区教育学校被评为"市民课堂三星级教学点"。

毛边书局——桃蹊的一道文化风景

　　位于成华区怡福路300号的"毛边书局·桃蹊书院"于2018年10月23日正式开张了，由流沙河题字的牌匾显得格外儒雅。它是桃蹊路街道办事处联合毛边书局共同打造的街道级一流特色书院，总面积400多平方米，陈列图书达到8万多册，图书种类接近4万种，书院内既可以开展讲座、交流、沙龙等文化学术活动，又可以购买各类图书。它的开张，为桃蹊辖区居民带来了一种全新的文化体验。

　　所谓毛边书，就是经过印刷的书在装订后，"三面任其本然，不施刀削"。你要看书，得耐着性子，将书一页一页裁开，摸起来，毛茸茸的，故曰"毛边书"。鲁迅爱毛边书，曾自诩"毛边党"。毛边书最早源于欧洲，盛行于德国、法国、英国，20世纪初流传到中国。1909年，鲁迅和周作人合译出版的《域外小说集》一、二集初版本，就是中国第一部毛边书。

　　毛边书局是傅天斌于1998年创立的以经营古旧书为主的书店，曾走红于孔夫子网，深藏于清溪东路一个居民小区内，拥有十万余册的旧书收藏规模，深受读者与收藏者的关爱。桃蹊路街道根据成华区委、区政府关于创建打造"文旅成华"的总体部署与要求，围绕建设"文旅成华"这一目标，紧紧抓住契机，与毛边书局共同合作，在怡福路创建了"毛边书局·桃蹊书院"。此次，桃蹊路街道与毛边书局"联姻"，引进社会组织参与公共文化活动服务，请专业的人做专业的事，一是扩大了文化服务的外延，弥补了政府在文化服务方面的不足；二是社会组织参与文化服务的灵活性、多样性、广泛性，还补齐了政府在文化服务方面单一性的短板，弥补了政府在资源方面的不足；最后一点，引进社会组织参与文化服务，既充分利用资源，又弥补了政府在文化服务资金方面的不足，减轻了政府的经济负担。这是政府在公共文化服务体制和机制上的大胆创新和探索，也是公共文化服务发展的必然趋势。该项目由桃蹊路街道提供场地等硬件设施，毛边书局提供书籍资源、人脉资源、管理和专业经验，政府与社会组织共同管理，以不断创新的管理方式，建设一个在全省乃至全国都有影响的街道级一流特色图书馆和文化新地标，为"文旅成华"增添了一个儒雅厚重的文化品牌。

说到毛边书局，就不能不说说傅天斌。傅天斌是湖北人，四十多岁，不高的个子，给我的第一印象是事业心很强。傅天斌从小爱书，见到自己感兴趣的书就会去买，不管新书旧书，只要他认为有价值的都买。虽然他以前接触的旧书并不多，但是通过勤奋自学，他对于书籍版本已经有了基本的知识。后来，傅天斌进入了十堰市新华书店，总算有了一份自己喜欢的工作，从此与书结下了不解之缘，也为此后创建毛边书局积累了经验。1998年5月，新华书店总经理决定开辟一个为读者邮购图书的特色服务窗口，由傅天斌主持。他抓住这个时机，给书店带来了很不错的效益，并利用新华书店的橱窗打出了毛边书局的牌子。在傅天斌看来，这就是毛边书局创立的开端。后来，傅天斌决定自己创办实体书店，正式打出毛边书局的牌子。

2001年底，他带上装满了两个集装箱的5000多册藏书，从湖北

▲ 省文联领导同志参观毛边书局桃蹊书院　桃蹊书院提供

十堰市来到成都，在成都清溪东路80号2栋3单元1楼开办起了毛边书局。在那个100平方米左右的房间里，码放着他多年从书店购买、从旧书摊淘得的约8万册旧书，供读者朋友挑选。很多早已经从市场绝迹的稀有旧书在这里出现了，书迷书痴就像找到了自己的精神家园一样，整天泡在这个小小的书店里找书、读书，不少朋友都在这里寻到了自己渴求的图书。就这样，毛边书局在书迷中一传十、十传百，名声越来越响。2002年底，傅天斌在孔夫子旧书网注册了账号，开通了毛边书局孔夫子旧书网店。从那时到现在，孔夫子旧书网一直伴随着他。十多年间，傅天斌就在这间毫不起眼的书店，竟流通了约二百万册旧书。

从2012年至今，傅天斌一直在调整思路，希望能够找到一条合适的经营路子。他说，"今后要努力做好一般图书的销售计划，做出书店的特长。继续开拓市场才是关键，同时还要及时与书友们沟通，付出才会有收获"。抱着"让一些有价值的旧书不至于被尘封落灰"的初衷，傅天斌骑着电瓶车，不管春夏秋冬，也不管吹风下雨，天天奔走在成都市数百家旧书摊之间，一个一个摊点淘、一本一本地挑，为了那些热爱书籍的读者朋友，他不允许自己放过一本好书，不愿意漏掉一个机会。经过近二十年的执着努力和付出，毛边书局如今已形成累计十万余册旧书（其中不乏具有收藏价值的珍稀书籍）的规模，在国内乃至国际旧书行业中都享有很高的知名度，逐渐成为读书人的心灵会所、淘宝圣地。二十年的辛苦付出，虽说也赚了不少钱，但是那些钱立刻又变成了一堆又一堆的书。按照他的知名度和书店规模，他应该也算得上个大老板了，但是他却没有一点大老板的"风度"，从衣着、饮食，到"座驾"还是老样子，仍然天天骑着电瓶车忙忙碌碌，风里来雨里去到处收书。

毛边书局作为享誉全国的"小众书店"，美国哈佛、德国柏林等世界各地的爱书朋友都曾慕名到访过该书店，并对其业绩给予了很高的评价。毛边书局作为成都最具特色的旧书店之一，近两年被不少媒体报道和关注，且赋予其不同的称号。为读者找好书，为好书找读者，是毛边书局的服务宗旨，开店二十年，收获了良好的口碑。傅天斌表示，今后，毛边书局要继续坚持公益事业，好好利用书院这个平台，开阔视野，扩大自身影响力，把工作做得更好，让毛边书局走得更远。

与桃蹊路街道合作开设毛边书局·桃蹊书院，这对傅天斌来说，其实又是一个新的起点、新的尝试，因为这里既保留了毛边书局的特色，又有所发展创新，增加了新的功能。新建立的毛边书局·桃蹊书院旨在以文化人、以德润城，打造集社区图书、电子阅览室等为一体的一流街道文化交流活动中心，通过建立免费网上图书馆、乡愁展示馆，开启"通借通还"模式，以"我爱书籍、我爱阅读"为切入点，引导崇尚文明的风气，让文明的蕙风吹遍每个角落，让人文精神滋养每个家庭；以公益为目的、以育人为目标，计划每年至少举办三十场公益活动，将"公益传播文化"与"文化引导公益"进行完美融合，以丰富多彩的形式，吸引更多的人投身公益、传播文化，凝聚共建精神家园、共铸城市之魂的智慧和力量；以追求品质为引领，以厚积涵养为动力，通过开展社区居民图书置换、读书分享会等活动，倡导"一本好书、一杯清茶、一个清晨"的健康生活方式，营造独具桃蹊特色的"书式生活"，引导辖区居民共同为建设高品质和谐宜居生活社区做出积极贡献，让毛边书局·桃蹊书院成为一个继承弘扬中华优秀历史文化传统，学习、传播、普及现代科学知识和高雅文化的市民学校。

毛边书局·桃蹊书院已经成为桃蹊路上的一道美丽而优雅的风景。

一群快乐的老太婆

　　你是我的小呀小苹果儿

　　怎么爱你都不嫌多

　　红红的小脸儿温暖我的心窝

　　点亮我生命的火火火火火火……

　　在成华区桃蹊路居民院的坝坝上、社区广场前，经常可以看到一群快乐的太婆（对老年妇女的尊称）在那里忘情地扭着腰肢、挥着臂膀，随着小音箱里传来的富有节奏感的旋律，手舞足蹈。在欢快动人的音乐伴奏中，这群太婆们翩翩起舞，她们的身材早已无法和妙龄少女相比，岁月在她们的脸上也刻下了深深的烙印，但从她们那忘情投入的表情中，还是看得出她们已经在舞蹈里陶醉，逝去的青春仿佛又回来了。

　　这支舞蹈队的领头人就是六十四岁的兰慧琪。兰慧琪退休前是省建一公司二处的材料检测工，曾任项目工会主席，生性活泼风趣、乐观开朗，年轻时就能歌善舞，喜欢说唱艺术，退休后参加金牛区街道童心艺术团，2003年她同队友们一起参加金牛区广场舞大赛获得一等奖后，便回到土生土长的成华区桃蹊路定居。为了生活得更快乐和健康，她跳起了广场舞。这一跳就是七八年。她越跳名气越大，在广场舞圈中渐渐有了影响，身边也聚起了一群同样热爱广场舞的快乐老姐妹。她带领着这帮舞友，积极参加院落和社区的文艺活动。四年前，她们第一次受桃源社区邀请参加了街道组织的艺术节，获得了成功。之后，在桃源社区的热心支持下，她们注册了"兰蓝舞蹈队"。

兰蓝舞蹈队成立后，街道给她们提供了文化活动中心作为练习的场所，她们每周有了固定的活动时间和地点。每到活动日，兰慧琪总要带领队友们练功、学习新的舞蹈。她们并不满足于街头广场舞的简单动作，而是用高标准要求自己，勤学苦练基本功，让自己的舞姿越来越优美。为了丰富自己的节目单，每个月还要学两个新舞蹈，现如今太婆们已经学会了几十个舞蹈，她们的节目单越来越长了。"而每到有演出的时候，我们都会加班加点排练，最紧张的时候一天要排练三次。不光要排练队形，还要两三个人一组分别强化训练。"兰慧琪说着说着，一丝骄傲神情浮上她的脸庞，"在跳舞的时候，我们完全忘记了年龄，忘记了自己奶奶、婆婆的身份，一下子就觉得年轻了好多，有种回到年轻时的感觉……"接着她就打开了平板电脑，将她们参加演出的照片和视频逐一向我展示，并一一讲述那些比赛的经过。"你看，这些演出服多漂亮，都是我们自己在网上定做的，有了统一的服装，演出效果就好了很多。"后来我从队友那里得知，这些演出服装还是兰慧琪用自己补发的退休金替大家定做的。

笔者了解到，热衷于跳广场舞的阿姨们，年龄大多为五十多至七十多岁，她们处于人生中最空闲的阶段。孩子长大了，家务活少了，空闲时间多了，为孩子们操劳了一辈子的太婆们，到这时终于可以为自己活一次了。跳广场舞满足了她们锻炼、娱乐和社交的需求，是她们最开心的时候。她们的口号是：同学共舞、舞出健康、舞出快

▲ 兰蓝舞蹈队　兰慧琪提供

乐。有了这个爱好，很多人甚至忙得没空看电视，也很少打麻将了。跳广场舞已经成了她们的一种习惯，哪天如果不跳就感觉少做了件事，浑身都不舒服。

　　兰蓝舞蹈队的成员、现年七十岁的陈水南曾是某公司的老总，2004年退休后，没有了往日的忙碌工作，整天就待在家里，让她一时无所适从。无聊时，她也出去跳了几次广场舞，但自从有了孙子，就忙着照顾孙子，没有再跳了。孙子大些后，她有了时间，就参加了舞蹈队、合唱队。她说，"我唱歌还可以，但从未跳过舞，对跳舞没有信心。参加兰蓝舞蹈队后，在兰老师的指导下，感到进步很大，自己也有了自信，有了兴趣。桃源社区文化活动搞得比较好，每月5号是志愿者日，有文艺活动，我们舞蹈队也会出来表演。以前像这样的场面我根本不敢参加，现在社区的舞蹈比赛活动，我也敢参加了。在跳广场舞的时候感到身心很放松，就好像浑身充满了电。不管人家怎么说，反正我很自信、很高兴，以前的老同事也夸我们这群老太婆了不起，还在微信上给我们点赞。"

六十岁的唐瑞芬退休前是某企业的工人，她身体一直不好，不但有"网球肘"、颈椎病、腰椎病，还患有风湿，病痛长期折磨着她，非常痛苦。在跳舞之前，她精神低落，需要天天服药来抑制疼痛。后来，加入了兰蓝舞蹈队，集体的温暖排遣了她的孤独，让她有了归属感，而经常跟姐妹们一起练舞、一起参加社区的活动，为居民表演，不仅练好了身体、"网球肘"好了，颈椎、腰椎的病情也缓解了，还丰富了自己的生活，觉得每一天都过得很充实很快乐。

董春芬今年六十五岁了，2005 年退休后她天天打麻将，精神感到很空虚。邻居就劝她说，不要天天打麻将嘛，还是去跳跳舞吧，对精神身体都有好处。2007 年，她去电子科大广场看人家跳广场舞，认识了兰慧琪，在兰老师的热情感染下她爱上了广场舞，以后就跟着她学了起来，还和她成了姐妹。几年后兰蓝舞蹈队成立，她就报名参加。进入舞蹈队以后，她练舞很努力、进步也很快，能跳很多种舞蹈，经常参加社区各种公益活动，为居民表演，觉得生活有意义了，精神充实了，自己快乐了，身体也好了。

六十四岁的罗通群原是某单位的会计，退休后积极参加桃源社区工作，被选为社区一支部支委。她为人热情、乐于助人，兰蓝舞蹈队就是她主动与社区沟通，在桃源社区副主任范娟的支持下成立起来的。成立以后，她又成了舞蹈队里的活跃分子。罗通群还是桃蹊路社区教育学校的声乐教师，歌唱得很好。在跳舞以前，她体型很胖，跳了一两年广场舞后，身材一天天苗条起来，浑身感到轻松多了，又找回了自信和快乐。她说："生活在我们国家，感到非常幸福，特别是到外国旅游回来之后，更加觉得我们中国好。"

方绍群虽然已经七十岁了，但看上去比实际年龄年轻一些。她曾是1965年赴云南支边的知青，年轻时也有过理想和追求。在工作岗位上忙碌了一辈子，退休后离开了单位、离开了原来的集体，就有种深深的失落感。回家后天天带孙子，做家务，人一下子就苍老了许多。后来，孙子大些了，她就想去学跳广场舞。恰好兰慧琪与她一个院落，方绍群经常看到兰慧琪跳舞，觉得她跳得很优美，就决定跟她学。不久后听说兰慧琪要成立舞蹈队，她就踊跃报了名。她说，"刚进舞蹈队时，手脚很不灵便，左手左脚的，练了一段时间后，才渐渐适应。通过跳舞，参加了社会活动，结交了很多姐妹，我的心情开朗了，自信心找回了，感到越活越年轻了。学舞蹈前，我的身体不好，颈椎病、肩周炎经常发作，很恼火，参加舞蹈队后，经常学舞练功，天天活动颈项、腰椎，甩手、跳跃，不知不觉间原来的病痛都没有了。"

虽然这几个人只是兰蓝舞蹈队成员中的一小部分，但她们却很具有代表性，可以说，跳广场舞的太婆们，大部分都与她们有相似的经历和体会。广场舞练习对形体、仪态、健康等方面都有一定的要求，老年人经常跳跳广场舞是一项很好的身体锻炼，不仅能提高人的协调能力，强健身体的各个部位，增加骨骼的强度，还可以培养老年人的乐观精神，提高他们的幸福感和自信心。

在组建小区广场舞蹈队以后，兰慧琪带领队员们经常参加街道组织的比赛，并多次获奖。在她们的影响下，又有不少老年人加入了舞蹈队。刚进来的新队员，每个人的水平参差不齐。兰慧琪就将舞蹈进行慢动作分解，对她们一对一辅导。她带领新队员们苦练基本功，休息时还上网找教学视频，删繁就简，深入浅出，给大家讲述一个个动作的要领。为了练习视频中的高难度动作，她给大家布置了作业，要求每天练习两三个动作，半个月就可以学会一支新舞蹈。

现在，广场舞对她们的意义已经不仅限于"广场舞"了。因为广场舞这个纽带，这群老太婆成了好姐妹，她们每周都有一两次活动，平时还常常一起逛公园、耍农家乐或者喝茶聚餐。逛公园、耍农家乐时，大家一高兴也会就地扯起场子跳上两曲，有时她们一跳起来，还会吸引游客都来参加，非常快乐开心。最近几年，她们还玩上了微信，建了一个兰蓝微信群，一旦舞蹈队有什么活动，或者谁有什么事了，就在群里招呼一声。兰慧琪认为，广场舞蹈队已经成了队员的社交平台。现在她们的生活丰富多彩，过得既快乐、又充实，身材也练好了，身体也健康了。善于说唱的兰慧琪为此还编了个顺口溜："成都老太婆，潇洒又快乐，贵的不去耍，专走农家乐。到了农家乐，跳舞又唱歌。舞瘾才过足，围起打五角，赢了不开腔，输了紧到说。刚才还在扯，分手又在约——下次早点哈，我们还一桌。"

这几年，舞蹈队成员还相约一起去外地旅游。有一次，她们去广西桂林旅游途中，由于长时间坐火车，大家都感到腰酸背痛。等到火车一停站，兰慧琪就说，我们下车跳一曲舞，活动一下筋骨！说着，十几个姐妹便一起下了车，就在站台上跳起了广场舞，引得旅客们从火车窗口伸出头观看，有不少旅客为她们喝彩，列车员也很支持她们。后来，每遇到大站，停车时间较长，她们都会下车跳上一曲，同车的旅客也受到了感染，有些活跃分子，还跟着她们下车跳起来。就这样，一路嘻嘻哈哈、快快乐乐，不知不觉就到达了目的地，旅途的辛苦一扫而光。

兰蓝舞蹈队虽然是从自娱自乐开始，但是发展到今天，已经成了有组织、有一定艺术水平、有一定任务的舞蹈队。她们配合社区党委的中心工作，积极宣传习近平新时代中国特色社会主义思想，弘扬社会主义核心价值观。四年当中，为社区居民义务演出数百场次，受到社区居民的热烈欢迎，也得到了街道和社区的多次嘉奖。队长兰慧琪除了跳舞外，还发挥自己善于说唱的特长，在社区的各种演出活动中，自编自演了一些音乐快板说唱节目，宣传党的方针政策，歌颂美好的新时代。她写的音乐快板在街道演出过多次，深受群众喜爱，《说成都道成都》就是其中一个段子：

"说成都道成都，历史名城天府都。望江楼下薛涛住，浣花溪畔诗圣屋。三国文化武侯祠，金沙遗址举世无。宽窄巷子赏民俗，熊猫基地饱眼福。" "市府年年办实事，市民岁岁添幸福。锦江喜获人居奖，治理沙河绘美图。都市景观大家赞，精神文明下功夫。小康路上迈大步，构建和谐新成都……"

她们一边跳舞，一边说唱，风趣幽默，川味十足。这群快乐的成都老太婆，不仅爱耍、会耍，还耍得有意义、耍得有水平！

一个街名的诞生

　　踏水桥北街，一条宁静而美丽的小街道，起于沙河东岸边，往东北延伸止于二环路东一段，两旁的粉墙上，绘着一幅幅壁画，有风景、有科幻、有人物，文化气息浓郁，2018年，踏水桥北街被命名为"成都市最美街道"。可就是这样一条美丽的街道，在十六年前，还是条无名无分的荒郊野巷，那时路两旁杂草丛生，路面凹凸不平，是黄昌蓉去有关部门跑上跑下，才给这条街争取到了一个正式的名称。

　　黄昌蓉原来是建设路邮政局的一名职工，退休后，在位于沙河东岸边"巨鹰公司"开发的楼盘（即现在的踏水桥北街二号院）买了套房子。当时这里还没有街道，更没有街名，附近只有几家店铺。2001年，黄昌蓉搬进巨鹰楼盘后不久，就发现这里只有个行政组织名称，叫"圣灯乡八里二、三组"，她所住的巨鹰楼盘居民小区的地名也只能沿用这个名字。

　　黄昌蓉自从住进了该楼盘，就经常听到邻居们抱怨说，这里连个邮件也无法收到，想寄个信也不知信封上该写什么地址，我们这里简直成了被遗忘的角落！她听到议论后，就去问楼盘物管，物管也说，我们这里寄信要过踏水桥，到电子科大附近的邮局去，收邮件也只能到他们那里去取。黄昌蓉听到后就觉得这问题虽然说大不大、说小也不小，关系到老百姓的切身利益，所以也不是小事，应该发扬一个老邮政职工的精神，替群众跑跑腿去问问。

　　针对群众反映收寄邮件难的问题，她首先就到自己原来工作过的建设路邮局去询问。邮局投递部的负责人高新民听到她的反映后，就对她说，你们那里连个街道名称都没有，没有街道名称就没有门牌号码，投递员当然就无法投送邮件。因为邮局处理信件都是按照信件上的地址来的，没有正式地址就无法收寄邮件，要解决这个问题你还得先找有关方面，给你们那条路取个街道名称。只要有了街道名称，保证马上通邮。

　　由于黄昌蓉热心小区公共事务，不久便被群众选为了业主委员会主任，当选主任后，她对群众反映的寄信难的问题更上心了，暗下决心就是跑断腿也要帮群众解决这个问题。作为一个曾在邮局工作过的老同志，她也知道要解决邮件投送问题，确实得先解决街道名称问题，没有街道名称和门牌号码，叫投递员怎么投送呀！于是，她就去街道社区向领导反映，街道社区领导听了反映后说，你反映的问题确实存在，但要命名一个街道，权限在市、区政府，你可以去区政府反映一下。

　　黄昌蓉就去了成华区政府反映问题，成华区政府有关人员听了反映后，就叫她去找区民政局具体解决这个事情。她马不停蹄地跑到成华区民政局找到有关领导，将情况进行了反映。民政局领导很重视她反映的情况，当场答应尽快去实地查看，然后安排人员具体办理。几天后，民政局工作人员在黄昌蓉的引领下，来到现踏水北街一带，对街道路线进行了勘察，这件事终于提上了日程。

　　为了给这条小路取个名字，当时已经五十多岁的黄昌蓉来回奔波，社区居民看到她为大家的事情这么辛苦，都劝她要注意休息。但

▲ 宁静美丽的踏水桥北街　杨传球摄

　　她只是笑笑，擦了把额头的汗水，又开始忙碌了。经过一两个月地来回奔波，2002年8月20日，成华区民政局下发成华民发〔2002〕70号文件——《关于成华区部分新建街道命名的通知》，正式将"位于踏水桥以北"，"西南起沙河，东北止于二环路东一段，长约400米、宽约15米"的路段，命名为"踏水桥北街"。文件下发后，黄昌蓉和自己小区的居民互相奔走相告、欢呼雀跃，都感叹"多亏了黄昌蓉为我们奔走，现在总算有了完满的结果，以后我们收寄邮件再也不用发愁了，就是约朋友来家做客，也好告诉人家自己的街道名称门牌号码了。"

　　古话说"名正言顺"，有了正式的街名，就成了正式街道，从此这条小街就迎来了发展机遇期，不久，街道的路面得到了整修，往日的石子路被修成了沥青路，街道两旁有了人行道、绿化树，各类商店越来越多，街道越来越美丽，不仅早就通了邮，还开通了社区巴士，居民的幸福指数越来越高了。2018 年，踏水桥北街被命名为"成都市最美街道"。黄昌蓉看到踏水桥北街街道变得如此美丽，心里充满了喜悦和自豪，她虽然很少告诉别人自己曾为这条小街命名而奔走，但这里的老邻居们都记得她曾为街道建设付出的精力和汗水。

用爱火点燃爱心

在桃蹊路辖区府青东街3—11号，有个"成都成华踏水社工中心"，这是由成都市民政事务中心与市社会工作者协会联合主办的机构，是成都市社区社会工作示范点。该中心长期为踏水社区及桃蹊街道居民提供多元化的具有预防性、支持性和发展性的社会工作专业服务，同时辐射桃蹊路辖区乃至全市的居民，为全市社区社会工作提供实务示范，推动和规范全市社区社会工作全面展开，强调通过社区成员参与和合作，挖掘和利用社区资源，共同解决社区问题，满足社区需求，增强社区凝聚力和归属感，达成社区与人共同发展的目标。

社工中心有工作人员七名，都是才走入社会不久的年轻人。他们有朝气、有知识，对人热情、和蔼可亲，不怕吃苦，与很多社区都建立起了经常性联系。社工中心的工作主要有"入户探访""个案工作""小组工作""社区工作""居民培训""居民工作坊""志愿服务"等多个方面，示范带领全市各区县社会工作者为社区空巢老人、残障人士、退伍军人等开展咨询、家访、个案、小组等多项服务，每天都要接待大量求助或者来访的群众，为群众排忧解难，让有困难的群众切实感受到社会的温暖。几年来经他们帮扶的残障人士、空巢老人及各种需要救助和帮扶的人员已达四万余人次。

个案工作是社会工作者通过对案主进行一对一的专业辅导服务，帮助其解决在生活、工作中遇到的问题，以帮助个人或家庭减轻压

力、解决问题、挖掘生命的潜能，陪伴受助者走出当前的困境。这里
有一个典型案例：几年前，沈大爷家住的房子漏水，他为此跑了很多
主管单位，都因各种各样的问题被推了回去，而楼上的住户也不予配
合，就这样一拖就是八年，严重影响了沈大爷的生活。他每天连饭都
做不成，只能到外面吃，使他的精神天天都处于焦虑和抑郁之中。在
走投无路的情况下，沈大爷最后抱着试试看的心态找到社工中心。社
工中心人员听了沈大爷的遭遇后，十分同情，非常重视，随即抽出力
量，对他的情况进行调查了解，想方设法替他疏通协调各方面的关
系。在仍然无法解决的情况下，他们又动员社会力量参与帮助。一个
经营管道的爱心商家，在他们的感召下表示愿意帮忙，他替沈大爷免
费更换了管道，解决了困扰沈大爷八年的漏水问题。沈大爷十分感
动，2015年9月，他特意向社工中心赠送了一面锦旗，锦旗上写着：
"赞赞赞，人间自有真情在"。

　　这样的事情还有很多，沈大爷只是其中的一个受助者。

　　平时，社工中心人员还经常走访居民家中或院落，收集、评估居
民的服务需求，建立探访需求信息档案，与居民建立服务关系，为后
续开展有的放矢的服务奠定专业基础。比如，困难群体帮扶、特殊群
体资源链接、家庭关系改善等服务项，都在他们日常工作之列。通过
社区主题活动，为居民搭建相互认识、互相了解的平台，满足居民社
区参与、人际交往、社会沟通、情感表达等需要，增进社区居民之间
的沟通和合作，提升社区居民参与社区的意识，促进社区融合，达到
社区互助自助。

　　老年人社会工作是社工工作的一个重要领域，该中心经常组织

社工去怡福养老院探望老人、陪伴老人，帮助老人做一些事情，为老人送去爱心和温暖，老人们都把他们看成自己的亲人。其实社工们都知道，老人们缺的不是物质上的帮助，而是精神上的陪伴。他们的要求并不多，只希望别人多去看看他们，与他们聊聊天，让他们不再孤单。看着老人们那落寞的眼神，那写满沧桑的脸庞，年轻的社工们都把自己当作老人们的亲人，为老人唱歌、讲故事，还为他们捶背、捏肩、揉腿，虽然累得满头大汗，但社工们心里却很高兴。此外，为了预防老年痴呆、开发老年人的智力，他们还开展了"小技巧、大智慧"老年人生活实用小技能学习小组活动，为独居及空巢老人搭建互动交流和学习的平台，以趣味性的活动吸引老人参加，提高社区空巢老人和独居老人参与社会生活的积极性和幸福感。

退伍军人刚进入社会往往不习惯社区生活，他们就想方设法让退伍军人尽快转换角色，促使他们适应新的环境新的生活。在这方面，他们带领新加入的社工，进行了实务实训带教工作，成立了退伍军人互助支持小组，让退伍军人感受到社会对他们的关注。同时，通过组织老照片的收集、难忘事件的回忆等互动活动，让他们不忘革命传统、不忘部队优良作风，建立起退伍军人互助支持的网络，为社区优抚军人及家庭搭建一个交流、沟通的平台，增强退伍军人对社区的归属感及认同感，并且鼓励他们积极投身社会生活，从而提升生活的幸福感。

踏水社工中心从成立开始就非常关注残障群体，为帮助残障人士提高生活自理能力，他们深入桃源社区"阳光家园"对残障人士进行带教工作，开展了"融入温情世界，我们在行动"为主题的活动。

社工成员对智障人士进行一对一的陪伴和看护，和他们一起在沙盘上画画、写字，教他们下棋、做游戏、做手工，提高了他们对学习的兴趣，开发了残障人士的智力，提高了他们的自理能力。一位智障者经过培训后，生活能力显著提高，后来被安排到某超市做了服务员，实现了自食其力；还有一位残障人士学会了理发。

很多残障人士都从来没有坐过地铁，也不知道地铁是什么样子，很想坐一次地铁。社工中心决定满足残障人士的这个要求，带他们坐一次地铁，让他们感受一下国家的繁荣和进步。为了保证他们的安全、不会走失，社工们提前几天就与地铁七号线工作人员联系。地铁方面也很配合，专门为残障人士开了通道，带他们进入了地铁车厢，替他们安排好座位。在倡导社会对残疾人给予更多关爱和支持的同时，他们多次带残疾人走出家门，走入城市街道和现代化设施参观，让他们看到祖国日新月异的变化，开阔了他们的视野，也学习了一些生活知识。这些参观城市和乘坐地铁活动，让残障人士很高兴、很满足。

根据社区不同群体需求搭建参与式工作坊，将其集中起来，为其提供各种不同角度、思考、探讨、相互交流的平台，以轻松有趣的互动方式，鼓励参与者积极沟通、共同行动，促进参与者自身能力的提升和发展，也是社工中心工作的一个重要方面，如，"社区剧场""妇女剪纸工作坊""欢歌笑语工作坊"等就经常开展这些活动。通过参加这些活动，社区生活更加丰富多彩，居民的文化素质随之得到了提高，老百姓的幸福指数也大大提升了。

社工中心还有一个重要任务，就是培养更多合格的社工人才和志愿者，让更多的力量投入到社会工作中去，为更多需要帮助的人提供服务，把爱心播撒到社会的每一个角落。因此，他们为社区百姓做的每一件工作，也是为未来的社会工作者和志愿者做的实务示范，推动和规范全市社区社会工作在社区全面铺开，探索适合本土发展的社区社会工作服务模式。几年来，社工中心已为社会培训社工人员一千二百余人次，这些人已经走向社会各个角落，为弱势群体的帮扶工作发挥着自己的光和热。社工中心像一个爱的火炬，不仅用自己的光焰去温暖别人、照亮别人的心，还要用爱火点燃每一颗爱心，把每个被温暖过的人都变成一支火炬，他们走到哪里，就会将温暖传到哪里……

后记

　　写历史文化方面的文章，向来是七分跑腿、三分动手，调查访问、搜集素材是第一位的，写作则是调查访问之后的结果。我接到任务后，就开始跑腿。首先是熟悉环境，熟悉地理环境、人文环境。虽然我以前对桃蹊也略知一二，但我决定还是用腿亲自丈量一下桃蹊的地面，用肉眼再看看桃蹊今天的风貌。我走过踏水桥，沿秀苑东路北上，穿过踏水桥北街一直走到桃蹊路；从二环路东一段一直走到"成量"的老厂房"红楼"，用手抚摸了"红楼"的砖墙，近距离感受了红楼的沧桑变化；从厂北路一直走到二仙桥，然后又沿着二仙桥西路往西，一边走一边看着原成都石油总机厂的旧址，想象着过去的峥嵘岁月……跑遍了桃蹊的大街小巷，才知道桃蹊并不像我想象的那样单薄，在这块不大的土地上，曾发生过多少故事，曾上演了多少感人的大戏！

　　开始收集资料后，首先便是跑图书馆，借阅有关历史资料书籍，遗憾的是，我发现能与八里庄沾边的材料非常稀少。我又跑旧书摊、找专家、找朋友，也遇到同样的尴尬。于是，我只好从人入手，向桃蹊人要线索、寻找活的资料。一个一个社区去开座谈会、找老同志进行采访。虽然"桃李不言"，却树下有"蹊"，只要沿着"蹊径"寻找，一定能够寻到一两个遗落的"果实"。

　　之后，在街道党工委领导、街道办文化活动中心唐晓东主任和朱

海玲同志的大力帮助下，我就一个一个社区召开座谈会，桃蹊社区是
我跑的第一家。张玉贤书记、张琼主任非常热情，也非常重视，她们
第三天就组织了一个有二十多位老同志参加的座谈会，很多同志给我
提供了不少宝贵的素材和线索。马清国同志是当地的老住户，从八里
大队时就住在这里，亲身经历了八里庄的巨大变化，他给我提供了很
多有价值的线索，对我以后的采访起到了提示作用，我非常感谢他。
怡福社区也很重视这次座谈会，郭书记、张主任亲自布置，根据我的
要求专门找了各方面的老同志二十余人参加了座谈会，其中包括糖画
艺术传承人樊均富、留青竹刻艺人文小村等，引起了我的注意，后来
经过对他们的专访，都把他们写进了本书。刀具厂的万宁玉是个热心
人，不仅在会上为我提供了很多素材和线索，在以后的写作过程中，
他还多次为我提供刀具厂的素材和线索，给了我很多帮助。踏水社区
的廖春艳书记、文德社区的李慧书记都非常配合，按要求召开了座谈
会。座谈会后，孙世平、黄昌蓉、苏超前、康锐又分别接受了我的单
独采访。特别是苏超前同志，他对八里庄一带的情况很熟悉，给我提
供的材料很多，还送了我一本他自编的资料，我要向他们特别致谢。
虽然桃源社区是我最后去开座谈会的社区，但却是我去的次数最多的
一个社区，我先后在那里开了两次座谈会，做了三次采访，社区书记
艾素清专门安排副主任范娟配合我的工作。范娟为我找人，给我介绍
采访对象，亲自主持参加座谈会，主动热情协助我的采访，为我提供
了很多方便。兰慧琪是桃源社区的积极分子，又是兰蓝舞蹈队的队
长，她除了积极配合我采访舞蹈队的成员，还给我提供了很多有关桃
蹊路历史的线索，帮我寻找联系社区老人，对我了解八里庄改革开放

前后的巨大变化提供了很多帮助，我要向桃源社区的领导和兰慧琪表示深深的谢意。在我采写书画家唐济民的过程中，向运江先生专门为我约请到了唐先生的家人和弟子一起座谈，让我非常感动，谨向他表示感谢。

踏水社区与水有缘，我先后去踏水四次，前三次都是雨天，我打着雨伞，沿沙河而行，蓦然间才发现雨天的沙河竟如一幅刚完成的水彩画一样，水色淋漓如一气呵成，这才是真正的自然天成！如此之美，怎么平时就没有注意到呢？可见，生活中并不缺乏美，缺乏的是一双发现美的眼睛。而我要去寻找的，正是那些隐匿在平凡中的美，失落在泥沙中的珠。

书写完了，但那些曾给过我帮助、接受过我采访的人却依然活跃在我眼前，他们的热情至今让我不能忘怀。在即将搁笔之际，我再次向他们表示诚挚的感谢。除前面文中已经提到过的外，还要感谢：刘丽妮、电焊机研究所综合部李部长、许静、王金泉、向运江、罗启顺、陈昌志、刘炳贤、钟先贵、唐兴文、田海、冯光琼、肖相忠、陈举芳、林跃寿、王鸿志、赵富华、唐德昆、黄声碧、陈闵飞、黄素英、黄崇祥、王桂英、李洪泽、陈水南、唐瑞芬、董春芬、罗通琼、方绍群、兰慧茹、李胜珍等。

在整个采写过程中，自始至终都得到了成华区委宣传部、区文化局、区文化馆和桃蹊街道党工委的大力支持，得到了《成都·成华历史人文丛书》编辑部蒋松谷、张义奇等专家老师的具体指导，还得到了著名作家周明生的热情帮助并提供资料，谨在此表示诚挚感谢！